Die rechtliche Stellung der Mitglieder des Bundesrats.

Von

Dr. Julius Römer.

München, Berlin und Leipzig.
J. Schweitzer Verlag (Arthur Sellier).
1913.

Die rechtliche Stellung der Mitglieder des Bundesrats.

Von

Dr. Julius Römer.

München, Berlin und Leipzig.
J. Schweitzer Verlag (Arthur Sellier).
1913.

Druck von U. E. Sebald, Kgl. Bayer. Hofbuchdruckerei, Nürnberg.

Literatur-Verzeichnis.

Bazille, Das Staats- und Verwaltungsrecht des Königreichs Württemberg, Hannover 1908.

Bekker, Zur Lehre vom Rechtssubjekt, in Jahrbücher für die Dogmatik des heutigen römischen und deutschen Privatrechts, Band XII, Jena 1873.

Binding, Lehrbuch des gemeinen Deutschen Strafrechts, II. Aufl., Leipzig 1905.

Bornhak, Preußisches Staatsrecht, Band I und II, 2. Aufl., Breslau 1911/12.

Böttcher, Das Staatsrecht des Fürstentums Waldeck in Marquardsens Handbuch des öffentlichen Rechts Band III, Halbband II, Abt. I, Freiburg und Tübingen 1884.

Brunner, Grundzüge der Deutschen Rechtsgeschichte, III. Aufl., Leipzig 1908.

Dernburg, Das bürgerliche Recht des Deutschen Reichs und Preußens, Band I: Die allgemeinen Lehren, 3. Aufl., Halle 1906, Band II: Die Schuldverhältnisse, 3. Aufl., Halle 1905.

Fleck, Der Bote, im Archiv für bürgerliches Recht, Band XV S. 337 ff., Berlin 1899.

Fleiner, Institutionen des Deutschen Verwaltungsrechts, Tübingen 1911.

Fleiner, Über die Umbildung zivilrechtlicher Institute durch das öffentliche Recht, Tübingen 1906.

Frank, Das Strafgesetzbuch für das Deutsche Reich, 8.—10. Aufl., Tübingen 1911.

Gaupp-Stein, Zivilprozeßordnung für das Deutsche Reich, 8.—9. Aufl., Tübingen 1906/08.

Göz, Das Staatsrecht des Königreichs Württemberg, 4. Aufl., Tübingen 1908.

Hänel, Studien zum Deutschen Staatsrecht, Teil II Heft 1, Die organisatorische Entwicklung der Deutschen Reichsverfassung, Leipzig 1880.

von Held, Verfassung des Deutschen Reichs, Leipzig 1872.

Hensel, Stellung des Reichskanzlers in Annalen des Deutschen Reichs, Jahrgang 1882, Leipzig.

Hiersemenzel, Das Verfassungs- und Verwaltungsrecht des Norddeutschen Bundes und des Deutschen Zoll- und Handelsvereins, Berlin 1868 bis 1870.

von Jagemann, Deutsche Reichsverfassung, Heidelberg 1904.

Knetsch, Das Staats- und Verwaltungsrecht von Sachsen-Weimar-Eisenach, Hannover 1909.

Kommentar zum BGB. von Reichsgerichtsräten, Nürnberg und Leipzig 1910.

Laband, Das Staatsrecht des Deutschen Reiches, Band I und II, 5. Aufl., Band III und IV, 4. Aufl., Tübingen 1911 und 1901.

Laband, Deutsches Reichsstaatsrecht, 5. Aufl., Tübingen 1909.

Laband, Die Stellvertretung beim Abschluß von Rechtsgeschäften in Zeitschrift für das gesamte Handelsrecht X. Band S. 183 ff., Erlangen 1866.

Mayer, Handbuch des Deutschen Verwaltungsrechts, Leipzig 1895/96.

Meier, Die Instruktion und Verantwortlichkeit der Deutschen Bundesratsbevollmächtigten (Diss.), Heidelberg 1909.

Meyer-Anschütz, Lehrbuch des Deutschen Staatsrechts, 6. Aufl. Leipzig 1905.

Meyer-Dochow, Lehrbuch des Deutschen Verwaltungsrechts, 3. Aufl., Leipzig 1910.

von Mohl, Das Deutsche Reichsstaatsrecht, Tübingen 1873.

Müller, Die rechtliche Stellung der Bundesratsmitglieder (Diss.), Borna-Leipzig 1909.

Olshausen-Zweigert, Kommentar zum Strafgesetzbuch für das Deutsche Reich, 8. Aufl., Berlin 1909/10.

Perels, Stellvertretende Bevollmächtigte zum Bundesrat in Kieler Festgaben für Hänel, S. 253 ff., Kiel und Leipzig 1907.

von Poschinger, Fürst Bismarck und der Bundesrat, Stuttgart und Leipzig 1897.

Querfurth, Die rechtliche Stellung der Mitglieder des Bundesrats (Göttinger Diss.), Kiel 1908.

Roguin, La règle de droit, Lausanne 1889.

Rosenberg, Die staatsrechtliche Stellung des Reichskanzlers, Straßburg 1889.

Schücking, Das Staatsrecht des Großherzogtums Oldenburg, Tübingen 1911.

von Seydel, Kommentar zur Reichsverfassung, 2. Aufl., Leipzig 1897.

von Seydel, Der deutsche Bundesrat in v. Holtzendorff's Jahrbuch für Gesetzgebung, Verwaltung und Volkswirtschaft, III. Jahrgang S. 273 ff., Leipzig 1879.

von Sutner, Das Staats- und Verwaltungsrecht des Königreichs Bayern Hannover 1909.

Thudichum, Verfassung des Norddeutschen Bundes und des Deutschen Zollvereins, Tübingen 1870.

Vogels, Die staatsrechtliche Stellung der Bundesratsbevollmächtigten, in Abhandlungen aus dem Staats-, Verwaltungs- und Völkerrecht, VII. Band, 5. Heft, Tübingen 1911.

Ziegler, Die geistigen und sozialen Strömungen des 19. Jahrhunderts, Volksausgabe 10.—14. Tausend, Berlin 1911.

Zorn, Das Staatsrecht des Deutschen Reichs, 2. Aufl., Berlin 1895.

Inhalts-Verzeichnis.

I. Einleitung.

I. Kapitel.

Geschichtliche Entwicklung.

§ 1. Der deutsche Bundesrat findet seine geschichtlichen Vorbilder im Reichstag des heiligen römischen Reiches deutscher Nation und im deutschen Bundestag. Hierbei muß man freilich stets die Verschiedenheit der rechtlichen Struktur des alten Reichs, des deutschen Bundes und des neuen Deutschen Reichs im Auge behalten. Das erstere war eine Monarchie, ein Einheitsstaat von Haus aus, grundsätzlich besaß bis zum Ende des Reichs der Kaiser unbeschränkte aber durch Exemptionen durchbrochene Kompetenz [1]). Beim Reich, beim Kaiser ruhte die Souveränität, von ihm wurde sie in gewissen Hinsichten an die Fürsten und Städte vergeben. Der Deutsche Bund war ein Staatenbund und das neue Deutsche Reich ist ein Bundesstaat, dessen einzelne Staaten, als sie sich zum Reiche zusammenschlossen, volle Souveränität hatten, die sie dann an das Reich, das sie mit Kompetenzkompetenz ausstatteten, abtraten. Es ist also gerade umgekehrt, als es im alten Reich war. Dem entspricht auch die Verschiedenheit des Mitwirkungsrechts des alten Reichstags einerseits, des Bundesrats anderseits bei der Reichsregierung. Der Reichstag stand der Reichsregierung gegenüber, der Bundesrat dagegen ist ihre Spitze. Überhaupt hält die rechtliche Natur dieser beiden Körperschaften keinen Vergleich aus und dennoch erscheint der Bundesrat mutatis mutandis als Nachfolger des alten Reichstags, wenn diese Nachfolge auch eine recht äußerliche ist. Der alte Reichstag war eine Versammlung der Fürsten und der Vertreter der Reichsstädte gewesen. Die Träger der Staatsgewalt in den einzelnen Territorien bildeten in ihrer Gesamtheit eine schließlich rechtlich anerkannte Körperschaft, an deren Mitwirkung bei der Reichsregierung der Kaiser in steigendem Maße gebunden war. Nach dem Ende des dreißigjährigen Kriegs ließen sich die Fürsten und Städte durch Gesandte vertreten. Der Reichstag wurde zu einem ständigen Gesandtenkongreß.

1) Meyer-Anschütz S. 67.

Als dann nach dem Ende des heiligen römischen Reichs deutscher Nation und nachdem Napoleon I. die Zahl der deutschen Staaten wesentlich vermindert hatte, der Deutsche Bund gegründet wurde, da trat auch an Stelle des alten Reichstags der Bundestag: eine Versammlung von Vertretern der Mitglieder des Bundes: das waren, darüber kann für den Deutschen Bund kein Zweifel sein, nicht die Staaten, sondern die Fürsten [2]). Davon, daß der Deutsche Bund im Rechtssinne der Nachfolger des alten Reichs gewesen wäre, kann ebensowenig die Rede sein, wie davon, daß das neue Reich die Rechtsnachfolge des Deutschen Bundes angetreten hätte. Immerhin war jeweils das geschichtliche Vorbild der Zusammenfassung der deutschen Staaten mitbestimmend bei der Begründung der neuen Staatenverbindung und in mehr oder weniger weitgehender Weise wurden Gedanken und Institutionen der früheren Gebilde bei Schaffung der neuen verwertet, manchmal nur zu sehr unter Verkennung und Nichtbeachtung der grundsätzlichen rechtlichen Verschiedenheit des Alten, das begraben war, und des Neuen, das man schaffen wollte. Man wollte sich möglichst auf scheinbar Gegebenes stützen, dachte und handelte nach politischem nicht juristischem Verstande. So fand sich, als zunächst der Norddeutsche Bund und dann das neue Deutsche Reich gegründet wurde, ein geschichtliches Vorbild, ohne das man sich ein aus Einzelstaaten zusammengesetztes deutsches Gesamtstaatswesen gar nicht denken konnte. Der Bundesrat des neuen Reichs erschien zwar nicht im einzelnen aber als Ganzes als etwas Selbstverständliches, Notwendiges (vgl. Laband I S. 234, a. a. v. Mohl S. 228, 230). Besonders einen Grundsatz, der schon für die Gesandten zum einstigen Regensburger permanenten Reichstag galt, finden wir in der Reichsverfassung von 1871 als Rechtssatz wieder: Die Gewährung des diplomatischen Schutzes in Art. 10 RV., ein Abglanz aus der Zeit, da es sich noch um diplomatische Persönlichkeiten handelte, was ja auch ehemals in der Bezeichnung als Gesandte zum Ausdruck kam. Sie waren dem Reichsstadtstaat Regensburg gegenüber, in dem sie tagten, exterritorial und besaßen alle mit dieser Rechtsstellung verbundenen Privilegien

2) Auch Meyer-Anschütz spricht sich S. 114 dahin aus, daß nicht die Staaten, sondern die Fürsten als Mitglieder des Bundes erschienen, die in ihrer Gesamtheit die Träger der Bundesgewalt waren.

in noch ausgedehnterem Maße als heutige diplomatische Vertreter sie genießen. Und ebenso war die Stellung der Bundestagsgesandten in Frankfurt a. M.

Dem Reich gegenüber waren die Vertreter der Einzelstaaten auf dem Reichstag Gesandte, dagegen waren sie ihren Landesherren gegenüber Beamte, sei es nun, daß sie lediglich Reichstagsgesandte waren, sei es, daß sie am habsburgischen Hofe beglaubigte Gesandte waren, die zugleich die Geschäfte von Reichstagsgesandten führten, wie heute manche Bundesratsbevollmächtigten zugleich Gesandte am preußischen Hofe sind.

Die Rechtsstellung der Bundestagsgesandten war sowohl dem Deutschen Bunde als ihren Landesherren gegenüber im wesentlichen dieselbe wie diejenige der Reichstagsgesandten gewesen war. Der Bundesrat aber ist des Bundestags Nachfolger. Vogels sagt a. a. O. S. 5: „Die Verfassung des neuen Deutschen Reichs hat das Institut der alten Reichstagsgesandten in der Form, wie es sich in dem Institut der Bundestagsgesandten fortgebildet hat, in fast allen Grundzügen unverändert übernommen". Man wird dem zwar beizustimmen haben, aber sich stets daran erinnern müssen, daß aus dem Staatenbund ein Bundesstaat geworden ist, daß der eine vor, der andere nach 1848 ins Leben trat. Im Laufe dieser Untersuchung wird sich die Bedeutung der geschichtlichen Vorbilder für den Bundesrat noch manchmal zeigen.

II. Kapitel.

Der Bundesrat.

§ 2. Der Bundesrat kann, wie eben dargelegt, in gewissem Sinne als Nachfolger des auf der Grundlage des alten Reichstags, so wie dieser allmählich geworden war, beruhenden Bundestags bezeichnet werden.

Träger der alten Bundesgewalt war die Gesamtheit der im Bunde vereinigten deutschen Fürsten und Städte.

Das neue Deutsche Reich ist im Gegensatz zum Deutschen Bund, der ein Staatenbund war, ein Bundesstaat[3]). Der Unter-

3) Anderer Ansicht Seydel in seinem Kommentar Eingang S. 123 ff. (Eingang zur Reichsverfassung).

schied ist der, daß während im Staatenbund die Bundesgewalt identisch ist mit der Summe der Einzelstaatsgewalten[4]), und die Einzelstaaten verbunden einander koordiniert sind, im Bundesstaat die Bundesstaatsgewalt der Summe der Einzelstaatsgewalten übergeordnet ist, diese ihr subordiniert sind und an sie ihre Souveränität verloren haben[5]).

Vor der Gründung des Deutschen Reichs bezw. des Norddeutschen Bundes waren die an ihr beteiligten Staaten souverän gewesen. Durch die Reichsgründung verloren sie diese Souveränität an das Reich. Sie fanden sie aber wieder im Bundesrat, dort findet sie ihren Ausdruck (Bismarck). Der Bundesrat ist der oberste Träger der Reichsgewalt und nur dieses[6]), ihr Inhaber ist die Gesamtheit der Einzelstaaten. Das Reich aber kann man bezeichnen als eine Aristokratie mit monarchischer Spitze und konstitutioneller Regierungsweise. Als die deutschen Fürsten nach Napoleons Sturz sich zum Deutschen Bund zusammengeschlossen hatten, da wachte jeder darüber, daß ihm die erst neuestens erworbene Souveränität nicht geschmälert oder entzogen werde. Sie wollten niemand über sich dulden, keinen Einzelnen und kein Gemeinwesen. Sie schlossen sich lediglich durch einen völkerrechtlichen Vertrag zusammen.

§ 3. Auf dieser Grundlage ergibt sich aus der geschichtlichen Entwicklung in Deutschland: Mitglieder des alten Reichs und des Deutschen Bundes waren die Fürsten und Städte, d. h. die Inhaber der Einzelstaatsgewalten. Als der Deutsche Bund zustande kam, da mag wohl bei den fortschrittlichsten unter den Fürsten das Bewußtsein vorhanden gewesen sein, daß sie als Staatsorgane handelten. Klar war dieses Bewußtsein jedenfalls nicht, vielmehr ein Gefühl. Keinesfalls aber waren jene Fürsten der Ansicht, daß sie ausschließlich

---

4) Nicht ihr übergeordnet, auch nicht in dem Sinn und Umfang wie Meyer-Anschütz S. 112 ff. annimmt.

5) Dies wird zwar mitunter bestritten, vor allem von Seydel (Kommentar S. 124 ff.), der meint, ein Staat ohne Souveränität sei undenkbar, da aber die Gliedstaaten Staaten seien, so müßten sie auch ihre Souveränität haben. Dies wird von der herrschenden Lehre mit Recht abgelehnt. Die Souveränität ist kein Erfordernis für das Vorhandensein eines Staates. Der Staat ist eine selbstherrliche Gebietskörperschaft, aber diese Selbstherrlichkeit muß keine unbeschränkte, allumfassende sein.

6) Anderer Ansicht Laband I S. 235.

Organe des über ihnen stehenden Staats seien. So weit waren die Ideen vom Wesen des Staats und des Monarchen noch nicht gereift und modernisiert[7]). Es war Metternichs Staatskunst die damals herrschende. Die alte Auffassung vom Wesen des Staats und der Stellung des Fürsten wirkte noch nach. Früher hatte der Fürst eine Art dinglichen Rechts am Staatsgebiete und seinen Bewohnern. Brunner sagt S. 274: „Das Stimmrecht der Fürsten war anfänglich[8]) ein persönliches Recht. Seit dem Ausgang des 16. Jahrhunderts erlangten die Virilstimmen gewohnheitsrechtlich den Charakter eines auf dem Fürstentum haftenden Realrechts". Aber nach wie vor wurde dieses Recht von den niemandem verantwortlichen Fürsten ausgeübt. Sie kamen kraft eigenen Rechts auf den Reichstag, sandten später ihre Gesandten wiederum kraft eigenen Rechts als ihre Stellvertreter, sie betrachteten weder sich noch die Gesandten als Vertreter ihrer Staaten. l'Etat c'est moi war der Grundsatz Ludwigs XIV. und seiner Zeit. Erst in der Aufklärungszeit kam der von Friedrich dem Großen klassisch formulierte Gedanke auf: Der Monarch ist der erste Diener des Staats, d. h. ist das oberste Organ der juristischen Person Staat. Trotzdem schlossen die deutschen Fürsten den Deutschen Bund noch als Inhaber ihrer Staaten. Wenn man also den Deutschen Bund als Staatenbund bezeichnet, so kann man das nur mit der Einschränkung tun, daß es sich eben um einen Bund von Staaten handelte, so wie die Staaten damals waren; Fürstenwille war Staatswille, nicht umgekehrt. So schlossen jene Fürsten zwar einen Bund in ihrer Eigenschaft als Staatshäupter und bildeten nicht einen privaten Fürstenverein, aber ihr Wille, ihr Gutdünken waren maßgebend; nicht das Wohl und Wehe der Untertanen, nicht das Staatswohl mußten den einzigen Leitstern ihres Handelns bilden. Im Laufe des zweiten Viertels des XIX. Jahrhunderts breiteten sich dann erst die in der Aufklärungszeit zuerst formulierten, in der Revolution radikal zum Durchbruch gekommenen, in Deutschland nach den Befreiungskriegen Boden fassenden, aber danach niedergeschlagenen modernen

7) Namentlich die romantische Theorie vom Staat, wie sie vor allem Karl Ludwig von Haller vertrat, bewirkte, soweit sie sich durchsetzte, noch einmal einen Rückschlag (vgl. Ziegler S. 134 ff.).

8) Das heißt auf den alten Reichstagen.

Ideen vom Wesen des Staats in immer weiteren Kreisen aus und als äußerer Wendepunkt in den Anschauungen, als Zeitpunkt, in dem die modernen Ideen sich durchsetzten, läßt sich das Jahr 1848 bezeichnen; von da an ungefähr oder auch etwas später datiert die offizielle Anerkennung des Gedankens, daß der Fürst der erste Diener also ein Organ des über ihm stehenden Staats ist, daß Fürst und Staat nicht mehr identisch sind, daß Fürstenwille nicht schlechthin Staatswille ist.

Eigentümlich ist, daß sich diese Umwälzungen zwar in den Einzelstaaten vollzogen, daß aber der unter Habsburgs Hegemonie stehende Deutsche Bund davon — mindestens äußerlich — unberührt blieb. Er war bis zu seinem Ende ein Fürstenbund im alten Stile und schon deshalb mußte seine Stunde bald schlagen. Er hatte seine Unfähigkeit, sich dem Wechsel der Ideen anzupassen, erwiesen. Diejenige Großmacht aber, die den Zeiten gefolgt war, Preußen, schließlich unter Bismarcks Führung, verlangte Gleichberechtigung mit dem reaktionären Österreich[9]). Und Preußen siegte. Der Deutsche Bund ging darüber in Trümmer und es erstand der Norddeutsche Bund auf moderner Grundlage und unter Preußens Führung. Unbewußt galten in ihm als selbstverständlich die neuen Ideen vom Wesen des Staats, seiner rechtlichen Natur und der Stellung des Monarchen.

§ 4. Wenn die Verfassung des Norddeutschen Bundes und des Deutschen Reiches in ihrem Eingange sagt, daß die Fürsten und Senate einen ewigen Bund miteinander schließen, so ist nach dem Ausgeführten klar, daß das kein privater Fürstenverein ist, vielmehr handelten die Fürsten als Organe ihrer Staaten. Das geht auch aus dem Art. 1 RV. hervor[10]). Aus der hier wiedergegebenen Überlegung heraus ergibt sich der Unterschied zwischen Deutschem Bund einerseits und Norddeutschem Bund und Deutschem Reich anderseits: In jenem waren die Fürsten und damit die Staaten Mitglieder, in diesem sind es die Staaten, vertreten durch die Fürsten.

9) Vgl. Preußens Antrag beim Bundestag vom 9. April 1866.

10) Georg Meyer vertritt mit Seydel, Mohl und Thudichum die Ansicht, die Fürsten seien im Bundesrat vertreten, nicht die Staaten als solche, und zwar als Repräsentanten ihrer Staaten. Dem ist beizustimmen. (Meyer-Anschütz S. 430). Vgl. unten § 9.

§ 5. Der Bundesrat nimmt im Organismus des Reichs nahezu dieselbe Stelle ein wie der Monarch im Einzelstaat mit dem Unterschied allerdings, daß ausführendes und repräsentatives Organ grundsätzlich der Kaiser ist. Der Bundesrat ist in gewissem Sinne ein Staatenhaus: eine Vertretung der Regierungen der Einzelstaaten; im einzelnen ist er historisch zu erklären. Dagegen läßt er sich weder mit dem eidgenössischen Ständerat noch mit Senat oder Repräsentantenhaus des Kongresses der Vereinigten Staaten von Nordamerika vergleichen. Der republikanische Charakter der beiden Bundesstaaten Schweiz und Vereinigte Staaten bedingt auch in ihrer Organschaft fundamentale Unterschiede von derjenigen des überwiegend aus Monarchien zusammengesetzten, eines Analogons entbehrenden Deutschen Reichs. — Dessen muß man sich stets bewußt sein, daß für Bundesrat jederzeit gesagt werden kann die verbündeten Regierungen. Treffend führt Bismarck in 2 Reden vom 1. April und 19. April 1871 aus[11]): „Der Bundesrat ist nach unserer Auffassung recht eigentlich eine Körperschaft in welcher die einzelnen Staaten zur Vertretung gelangen, die ich nicht als zentrifugales Element, aber als die Vertretung berechtigter Sonderinteressen bezeichnen möchte“. Und weiter am 19. April: „Ich weiß nicht, was die Herrn bewegt den Bundesrat in den gesetzgebenden Faktoren nicht mitzuzählen, die Verfassung weist ihm die volle Gleichberechtigung an, und wenn ich sage, er wiegt schwerer wie ein gewöhnliches erstes Haus, so ist das, weil er zugleich ein Staatenhaus im vollsten Sinne des Worts ist.“

§ 6. Die Mitglieder des Bundesrats haben bei dem Charakter des Reichs als eines Bundesstaats notwendig eine doppelte Rechtsstellung, je nachdem es sich um ihre Beziehung zum Reich oder zu ihrem Heimatstaat handelt. Ihre Rechtsstellung beruht daher auch zum Teil auf Reichs- zum Teil auf Landesrecht. Wenn man auch entgegen Laband sich auf den Standpunkt stellt, daß der Bundesrat ein Organ des Reichs ist und nur dieses, so sind doch seine einzelnen Mitglieder abhängig von den Einzelstaaten, in deren Dienst sie stehen.

---

11) Poschinger II S. 110 f.

II. Die Rechtsstellung der Bundesratsbevollmächtigten gegenüber dem Reich.

III. Kapitel.

Das Verhältnis der BRB. zum Bundesrat.

§ 7. Die Einzelstaaten brauchen als juristische Personen des öffentlichen Rechts (Körperschaften) Organe, Vertreter, deren Willenserklärung, sofern sie eben von ihnen in ihrer Eigenschaft als Organe abgegeben wird, als Willenserklärung der juristischen Person gilt[12]). Unter diesen Organen ist das oberste, vornehmste in den monarchischen Staaten der Monarch, in den Hansestädten der Senat. Diese obersten Träger der Staatsgewalt vereinigen in sich in vollem Umfang alle Rechte der Staatsgewalt, die ihnen nicht ausdrücklich entzogen sind oder in deren Ausübung sie nicht durch Gesetz beschränkt, d. h. an die Mitwirkung anderer Faktoren gebunden sind. Auf Grund dieser Kompetenzpräsumtion oder auf Grund ausdrücklicher verfassungsgesetzlicher Bestimmung liegt den Monarchen und Senaten die Vertretung[13]) ihrer Staaten nach außen, andern Staaten, also auch dem Reich gegenüber ob. Es müßten nun eigentlich die Monarchen selbst, wie im alten Reiche den Reichstag, so im neuen den Bundesrat bilden. Nach Art. 6 RV. besteht dieser aus den Vertretern der Mitglieder des Bundes, also eigentlich den Monarchen. Die Mitglieder des Bundes sind ja die Staaten. Jedes derselben „kann nur soviel Bevollmächtigte ernennen wie es Stimmen hat". Diese Ernennung geschieht, da der Staat eben juristische Person ist, durch das berufene Organ: den Monarchen (s. u.). Der begrifflich nicht vorhandene Wille der juristischen Person wird ersetzt durch den Willen ihres zuständigen und berufenen Organs[14]).

Diese Bevollmächtigten bilden den Bundesrat. Es wurde auch schon die Behauptung aufgestellt, die Fürsten selbst bilden den Bundesrat; dies ist dem Wortlaut der Reichsverfassung nach

12) Roguin S. 388.

13) Vgl. Laband, RStR. S. 58 Note 1.

14) Es ist das keine Fiktion wie Bekker annimmt (Jahrb. für Dogmatik XII. S. 10).

unmöglich. Aber der Gedanke jedenfalls ist richtig, daß unmittelbar hinter den BRB. ihre Monarchen, die Vertreter ihrer Staaten, stehen und darum haben wir in dem BRB. die Boten ihrer Monarchen oder Senate, nicht ihre Stellvertreter, nicht ihre Bevollmächtigten im eigentlichen Sinne[15]) des Worts zu erblicken.

Wenn ein solches Organ nun einen BRB. ernennt, so wird nicht wieder ein Vertreter des Einzelstaats ernannt, diese Vertretung gegenüber dem Reich ist vielmehr Sache des Monarchen. Dieser übermittelt aber seinen Willen bezüglich seiner Teilnahme an der obersten Trägerschaft der Reichsgewalt durch den Bundesratsbevollmächtigten, dessen er sich hierbei als seines Boten bedient. Es ist also falsch, wenn Vogels S. 6 sagt, der BRB. repräsentiere im Sinne einer körperschaftlichen Organschaft den Einzelstaat. Dies ist Sache des Monarchen und derjenigen, die er mit seiner Vertretung bevollmächtigt, der Gesandten; letzteres aber sind die Bundesratsbevollmächtigten gerade nicht, sie sind nicht diplomatische Persönlichkeiten. Hätte man ihnen den Charakter von solchen beilegen wollen, so wäre der Name „Gesandter" für sie geschichtlich so nahe gelegen[16]), daß man ihn in die Verfassung des Norddeutschen Bundes auch aufgenommen hätte. Auch aus Art. 10 RV. läßt sich die Auffassung, die BRB. seien diplomatische Persönlichkeiten, nicht herleiten. Wenn sie dies wären, so müßte ihnen diplomatischer Schutz im ganzen Reiche gewährt werden. Dem ist nicht so; es ist unbestrittene Ansicht, daß dieser in Art. 10 gemeinte diplomatische Schutz nur denjenigen Bundesratsbevollmächtigten, die nicht den Bundesstaat vertreten, in dem der Bundesrat seinen Sitz hat und zwar nur innerhalb dieses Einzelstaats zu gewähren ist (s. u.). Handelte es sich um Gesandte (Vertreter der Staaten), Diplomaten, so könnten diese nur Staatenvertreter sein beim Reich. Ihm gegenüber würden sie, wie dies auch herrschende Meinung ist, den Einzelstaat vertreten. Dann müßte die herrschende Meinung aber auch die Konsequenz

---

15) Vogels S. 6 ff., Querfurth S. 9 ff. vertreten demgegenüber die herrschende Ansicht. — Aber nur der Bote steht in solch engem Verhältnis zu seinem Absender.

16) Die Verschiedenheit des Bundesrats und des Bundestags ergibt sich eben aus der Verschiedenheit des Deutschen Bundes als eines Staatenbunds und des Reichs als eines Bundesstaats.

ziehen, daß den Bundesratsbevollmächtigten und zwar sämtlichen im ganzen Reich diplomatischer Schutz zu gewähren ist. Daran denkt aber niemand und niemand sieht in den Bundesratsbevollmächtigten diplomatische Persönlichkeiten. Sollten sie dies sein, so müßte dies deutlich in der RV. zum Ausdruck gebracht werden. Es liegt den Bundesratsbevollmächtigten auch keineswegs eine Vertretung ihres Heimatstaats gegenüber einem Staat, also dem Reich ob, vielmehr sind sie nur Vertreter im Bundesrat, sie sind die Boten der Bundesfürsten und Senate, diese vertreten ihre Staaten, die Mitglieder des Bundes, dem Reich gegenüber. Die verbündeten Regierungen sind es in Wahrheit, nicht die Bundesratsbevollmächtigten, die Beschlüsse fassen, den Gesetzen die Sanktion erteilen u. a. m. Ihre Stellungnahme zu Vorschlägen, Entwürfen, Anträgen usw. lassen sie durch die Bundesratsbevollmächtigten im Bundesrat erklären.

§ 8. Zur Begründung der Auffassung, daß die Bundesratsbevollmächtigten Boten sind, ist näher einzugehen auf den Begriff der Stellvertretung, der Vollmacht und des Boten. Die Versuche, die Unterscheidung des Boten vom Stellvertreter in eine Definition zu kleiden sind zahlreich. Am besten hat Fleck[17]) die unterscheidenden Merkmale getroffen, wenn er sagt: daß „der Bote (des BGB.) nicht als Willensprodukt aufgefaßt werden darf, sondern daß er nichts weiteres ist, als ein redender Brief. Nur dann wenn man unverbrüchlich daran festhält, daß der Bote lediglich die Rolle eines Instruments spielt, ist es möglich, die so wichtige Grenze zwischen der Botschaft und der Stellvertretung genau zu fixieren". In der Tat ist die Unterscheidung im Willen zu suchen. Wer eigenen Entschluß und Willen kundgibt, ist Stellvertreter, wer fremden, Bote. Es erscheint nun ganz unhaltbar, wenn gesagt wird, dem Reich gegenüber gebe der Bundesratsbevollmächtigte eigenen Willen kund, in Wirklichkeit („im inneren Verhältnis") sei er an seinen Auftrag

---

17) Fleck, Der Bote im Arch. f. bürgerl. Recht Bd. 15 S. 337 ff. Was hier Fleck vom Boten des BGB. sagt gilt ganz allgemein, denn das BGB. unterläßt es seinerseits auch nur anzudeuten, was nach Ansicht des Gesetzgebers der Begriff des Boten ist (vgl. auch Laband in Goldschmidts Zeitschrift Bd. 10 S. 183 ff., insbesondere S. 189 ff.).

gebunden. Im Gegenteil: gerade dem Reich gegenüber gibt der Bundesratsbevollmächtigte den Willen seiner Regierung gemäß seiner Instruktion und nur diesen kund. Er ist lediglich „redender Brief". Man könnte sich recht wohl denken, daß jede Regierung sich schriftlich äußerte. Im Interesse der Geschäftsvereinfachung liegt dies aber nicht und wenn nun dem Bundesratsbevollmächtigten eine gewisse Entschlußfreiheit gegeben ist — innerhalb bestimmter Grenzen oder ohne solche —[18]), so gibt er wiederum nur den Willen seiner Regierung kund, an dessen Zustandekommen, Feststellung, er als Regierungsmitglied, nicht als Bundesratsbevollmächtigter beteiligt[18a]) ist. Diese beiden Seiten seiner Tätigkeit sind aber begrifflich scharf auseinanderzuhalten.

§ 9. Viele[19]) bestreiten die Richtigkeit der Auffassung, daß die Bundesratsbevollmächtigten Boten seien. Auch Laband (RStR. S. 58 N. 1) faßt den Bundesratsbevollmächtigten zwar nicht als Vertreter der juristischen Person Staat sondern als Vertreter von dessen höchsten Organen auf, aber immerhin als bevollmächtigten Stellvertreter. Auch diese Auffassung erscheint falsch; Laband bezeichnet übrigens die Bundesratsbevollmächtigten immerhin als „Erklärungswerkzeuge".

Seydel[20]) sagt: „Eine Vertretung kann in doppelter Weise stattfinden: entweder so, daß der Vertretende seinen Willen anstatt dem Willen des Vertretenen mit Wirksamkeit für den letzteren erklärt oder so, daß der Vertretende den Willen des Vertretenen erklärt. Im einen Falle ist der Vertreter Erzeuger eines eigenen Willensaktes, im anderen Verkünder eines fremden Willensaktes. Die Mitglieder des Bundesrats sind das Letztere."

Diese letztere Art der Vertretung ist aber, wie wir oben sahen,

---

18) Die letzte Grenze sind selbstverständlich stets sein pflichtmäßiges Ermessen und die Interessen des Reichs und seines Heimatstaates.

18a) Diese Entschlußfreiheit ist ihm nicht in seiner Eigenschaft als BRB. gegeben.

19) Müller S. 9 ff., Vogels S. 6 und 7, Querfurth S. 11 sind z. B. a. A.

20) Jahrb. f. Gesetzgebung, Verwaltung und Volkswirtschaft III. Jahrgang 1879 S. 275.

überhaupt keine Stellvertretung, vielmehr Botenstellung[21]). Der Bundesratsbevollmächtigte hat keine Vollmacht gegenüber dem Reich zur Vertretung seines Staates, sondern nur zur Wiedergabe der ihm erteilten Instruktion. Das Reich, die Reichsregierung mit dem Bundesrat an der Spitze sieht in dem einzelnen Bundesratsbevollmächtigten auch keineswegs einen bevollmächtigten Vertreter seiner Regierung, sondern lediglich einen Boten derselben. Die Instruktion selbst ist eine interne Angelegenheit der Einzelstaaten, eine innere Beziehung zwischen BRB. und Heimatstaat. Die praktische Bedeutung dieser Auffassung der BRB. als Boten liegt hauptsächlich darin, daß ein Bundesstaat, dessen BRB. instruktionswidrig, also anders als ihm aufgetragen ist, abstimmt, also nicht den Willen der Regierung seines Absendestaats ausrichtet, die Abstimmung anfechten kann[22]), aber keineswegs ist der Bundesrat verpflichtet, in jedem einzelnen Fall nachzuprüfen ob instruktionsgemäß abgestimmt wurde. Wäre dem so, so könnte überhaupt die mündliche Abstimmung unterlassen werden und jede Regierung ihren Willen schriftlich mitteilen[23]).

21) Vgl. Vogels S. 7. — Da Laband die BRB. als Vertreter in diesem letzteren Sinn Seydels auffaßt, so stimmt er sachlich mit der hier vertretenen Auffassung überein. — (Übrigens werden auch im Laufe der vorliegenden Untersuchung häufig die BRB. als Vertreter bezeichnet werden mit Rücksicht auf die Ausdrucksweise der Reichsverfassung.)

22) Anderer Ansicht H. Meier S. 23.

23) Derselbe Gedanke, der dem § 120 BGB. zugrunde liegt, führt dazu, auch im vorliegenden Fall das Anfechtungsrecht anzunehmen. — Diese Auffassung entspricht auch dem praktischen Bedürfnis. Die Abstimmungen und Entschließungen des Bundesrats sollen einzig den Willen der verbündeten Regierungen zum Ausdruck bringen. Dies durch ein Verbrechen zu verhindern darf nicht ein einzelner imstande sein. Vogels sagt S. 8: „Ein Landesgesetz, welches die Wirksamkeit der Abstimmung des BRB. von der Übereinstimmung der Abstimmung mit der Instruktion abhängig machen wollte, wäre unwirksam, da ein solches Gesetz der Reichsverfassung . . . . . zuwiderlaufen würde.“ Ein solches Landesgesetz wäre nicht unwirksam, sondern unnötig, es würde nichts Neues bestimmen, es würde nicht der RV. zuwiderlaufen, sondern den durch sie für das Reich begründeten Rechtszustand noch einmal besonders für einen Einzelstaat bestätigen. Art. 6 der RV. konstruiert kein Vollmachtsverhältnis, wenn er sagt der Bundesrat bestehe aus den Vertretern der Mitglieder des Bundes. Es ist dies eine durchaus allgemeine und sicherlich nicht scharf definierende Ausdrucksweise und soll keinen Gegensatz ausdrücken zu der Auffassung der BRB. als Boten.

Art. 6 RV. sagt: „Der Bundesrat besteht aus den Vertretern der Mitglieder des Bundes". Aus dieser Bezeichnung ist gar nichts für die rechtliche Stellung der BRV. zu entnehmen. Dernburg, Bürgerl. Recht Bd. I S. 525 § 161 a. A. sagt: „Der Ausdruck „Vertretung" hat im Leben eine weite Bedeutung und verschwimmenden Sinn." Und im selben Artikel weiter unten spricht die RV. von „Bevollmächtigten" zum Bundesrat. Man hat heutzutage mit Recht[24]) erkannt, daß Vollmacht und Auftrag voneinander zu scheiden sind: Bei der Vollmacht wird dem Dritten gegenüber erklärt, das was der Bevollmächtigte ihm erkläre (ob er überhaupt von der Vollmacht Gebrauch macht, ist zunächst seine Sache und bleibt dahingestellt), solle gelten als Erklärung des Vollmachtgebers. Die Erteilung der Vollmacht ist ein lediglich einseitiges Rechtsgeschäft. Der Auftrag dagegen ist ein Vertrag des Auftraggebers mit dem Beauftragten, laut dessen der Beauftragte sich verpflichtet, den Auftrag auszuführen. Allerdings treffen im Leben Vollmacht und Auftrag meist zusammen[25]), allein begrifflich sind sie zu unterscheiden. Die Richtigkeit dieser Unterscheidung wird heute kaum mehr bestritten. Aber ebenso richtig ist auch, daß der Name „Bundesratsbevollmächtigter" aus einer Zeit stammt, in der Vollmacht und Auftrag im allgemeinen als Einheit betrachtet und beide Ausdrücke wahllos gebraucht wurden. Vertreter und Bevollmächtigte gab es schon in Art. 6 und 7 der Verfassung des Norddeutschen Bundes von 1867 aus der die RV. die Ausdrücke entnahm. Es darf also aus dem Ausdruck BRV. nicht gefolgert werden, daß der Inhaber dieser Bezeichnung zwar vielleicht seinem Auftraggeber zur Ausführung bestimmter Aufträge verpflichtet ist, aber nach außen, dem Reich gegenüber als Bevollmächtigter auftreten könnte zur Vertretung des Einzelstaats bei den Geschäften des Bundesrats. Daß der Ausdruck Bevollmächtigter sagen sollte, was der Bevollmächtigte erklärt, soll als Wille des Bundesstaats gelten, auch wenn er gegen

24) Laband in Goldschmidts Zeitschr. Bd. X S. 183, vgl. Thudichum S. 101 Note 1 1. Satz: „Wenn Art. 6 der BU. die Mitglieder des Bundesrats als Vertreter der Mitglieder des Bundes bezeichnet, so erscheint dies weniger scharf, dieselben sind nicht „Repräsentanten, sondern Mandatare".

25) Dernburg I S. 531.

seine Instruktion handelt, darauf deutet nichts, und wenn Bismarck sagte: „im Bundesrat stimmt nicht der Freiherr v. Friesen, sondern das Königreich Sachsen", so ist dies doch der klarste Ausdruck dessen, daß der Freiherr v. Friesen eben nur der Mund, der Bote des Königreichs Sachsen bezw. seines vertretungsberechtigten Organs, aber nicht ein Vertreter dieses Staats ist.

§ 10. Eine Frage nach dem Umfang der Vollmacht des BRB. gibt es nach dem eben Gesagten streng genommen nicht, denn als Bote richtet er eben aus, was ihm aufgetragen ist. Es besteht jedoch kein Hindernis, daß die Einzelregierung ihrem Bundesratsbevollmächtigten gestattet in einzelnen Fragen in gewissem Umfang nach eigenem bestem Ermessen zu stimmen. Dann ist seine Instruktion eine allgemeine und in diesem Fall hat der Bote eine Stellung, die derjenigen eines Bevollmächtigten tatsächlich ähnlich ist. Ob aber eine Regierung ihre Instruktion in dieser weiten oder in der allerengsten Form erteilen will, ist lediglich ihrem freien Ermessen überlassen. Ein solcher BRB. ist jedenfalls unter allen Umständen instruiert; seine Stimme muß also gezählt werden, sie fällt nicht unter die nicht instruierten des Art. 7 Abs. 3 S. 2 RV. Die seinem Ermessen anheimgegebene Entschließung darüber, wie er abstimmen will, ist eine Tätigkeit als Regierungsmitglied, nicht als BRB., als welch letzterer er nur abstimmt, nur den Willen seiner Regierung mitteilt; eine Anfechtung seiner Abstimmung durch seine heimatliche Regierung ist natürlich in diesen Fällen ausgeschlossen.

§ 11. Einer Form bedarf die „Vollmacht" nur in den in § 2 der Geschäftsordnung für den Bundesrat genannten Fällen. Jedoch ist auch sonst üblich, daß Urkunden ausgestellt und dem Bundesrat zur Prüfung vorgelegt werden. Die bevollmächtigende Regierung teilt damit nur dem Bundesrat mit, der in der Urkunde Bezeichnete solle als ihr Bote angesehen werden. Von wem die Ernennung auszugehen hat, bestimmt das Landesrecht (s. u.); ihm ist vorbehalten Bestimmungen darüber zu treffen, welche Voraussetzungen zu rechtsgültiger Ernennung erfüllt sein müssen. Stimmt der BRB. ab, so darf der Bundesrat annehmen, daß er instruktionsgemäß stimmt. Ist das Gegenteil der Fall, so muß die betreffende Regierung selbst dies geltend machen. Die Notwendigkeit der Prüfung der Legitimation des BRB. zur Abstimmung für einen Gliedstaat ist aus praktischen Gründen wohl unbestreitbar. Vorschriften bestehen hierüber nicht. Wem aber steht die Prüfung zu, ob die Vollmacht vorhanden ist und inwieweit erstreckt sich die Prüfung? Als Instanz, die die Prüfung vorzunehmen hätte, können drei Organe in Betracht kommen:

a) der Kaiser. Ihm stehen aber nur diejenigen Rechte zu, die ihm ausdrücklich übertragen sind, er ist ja nicht Träger der Reichsgewalt. Über die Zuständigkeit für die Prüfung der Vollmachten besteht aber überhaupt keine Vorschrift, also auch keine Delegation an den Kaiser. Falsch und unpraktisch erscheint die Ansicht von Vogels S. 20: Dem Kaiser stehe die Ausfertigung und Verkündigung der Gesetze zu, deshalb sei er berechtigt und verpflichtet, dieselben auf die Rechtmäßigkeit ihres Zustandekommens zu prüfen und hierzu gehöre auch die Prüfung der Rechtmäßigkeit des Bundesratsbeschlusses. Der Kaiser dürfe sich nicht zufrieden geben mit der Angabe des Bundesratsvorsitzenden, — der ihm übrigens nicht notwendig dienstlich unterstellt ist, — der Beschluß sei gültig zustande gekommen. Aber diese Prüfungspflicht des Kaisers trete erst ein, bei Ausfertigung und Verkündigung eines Gesetzes, vorher habe er die Legitimation der BRB. nicht zu prüfen. Darin liegt eine Verkennung der staatsrechtlichen Stellung des Kaisers: Dem Kaiser steht nicht wie sonst einem Monarchen der Gesetzesbefehl zu[26]), sondern nur die Ausfertigung und Verkündigung; der Bundesrat befiehlt die Reichsgesetze, er erteilt ihnen die Sanktion. Es ist längst unbestritten, daß die Eingangsformel unserer Reichsgesetze derjenigen der preußischen Gesetze gedankenlos nachgemacht und innerlich unberechtigt und falsch ist. Der Kaiser muß die ihm vom Bundesrat übergebenen Gesetze, denen dieser die Sanktion[27]) erteilt hat, verkündigen[28]). Der König von Preußen erteilt den preußischen Gesetzen die Sanktion und hat infolgedessen ihnen gegenüber Prüfungsrecht und -pflicht. Der Bundesrat erteilt den Reichsgesetzen die Sanktion, hat also auch das Prüfungsrecht ihnen gegenüber. Hinsichtlich ihres Zustandekommens dagegen hat der Kaiser nur

26) Laband, RStR. S. 113 ff.

27) Vgl. Roguin S. 64 ff.

28) Über die einzige Ausnahme s. Laband, RStR. S. 157 ff.

Recht und Pflicht zu prüfen, ob der Gesetzesbefehl des Bundesrats vorliegt. Weiter zurück auf den Gang der Gesetzgebung erstreckt sich das Prüfungsrecht des Kaisers nicht.

b) Auch an den Reichskanzler als Prüfungsinstanz kann man denken, da er den Vorsitz im Bundesrat hat und dessen Geschäftsgang leitet. Andere als die ihm in der RV. zuerkannten Rechte hat er nicht. Zur Leitung der Geschäfte gehört auch die formelle Prüfung der Legitimation der BRB.[29]). Aber die Entscheidung darüber, ob die Legitimation eine genügende, d. h. materiell begründete ist oder nicht, diese Entscheidung zu treffen ist Sache des Bundesratsplenums, nicht des Vorsitzenden.

c) Somit ergibt sich — negativ, da weder Kaiser noch Kanzler zuständig sind —: Der Bundesrat selbst ist zuständig für die materielle Prüfung der Legitimation seiner Mitglieder. Aber auch positiv läßt sich zu diesem Ergebnis kommen. Der Bundesrat als oberster Träger der Reichsgewalt vereinigt in sich alle Rechte, die ihm nicht ausdrücklich entzogen sind. Hierzu gehört auch das Recht, die Legitimation der BRB. zu prüfen. Diese Prüfung ist sogar seine Pflicht, da er den Gesetzesbefehl erteilt, also für rechtmäßiges Zustandekommen eines Gesetzes verantwortlich ist, wie im Einzelstaat der Monarch.

Auch kann man eine Analogie heranziehen; die Geschäftsleitung und -behandlung des Bundesrats hat notwendig eine Ähnlichkeit mit derjenigen eines Parlaments. In diesen aber ist in Deutschland überwiegend Rechtens, daß die Prüfung der Legitimation der Mitglieder durch das Plenum des Parlaments geschieht. Auch das Bundesratsplenum ist oberste Instanz für innere Angelegenheiten des Bundesrats, zugleich aber auch oberste Reichsinstanz.

Die andere Frage ist die: Wie weit erstreckt sich die Prüfung dieser Legitimation, m. a. W. hat der Bundesrat zu prüfen, ob die Legitimation von einem hierzu befugten Organ des Bundesstaats ausgestellt ist, ob die Ernennung zum Bundesratsbevollmächtigten unter Einhaltung landesgesetzlicher Vorschriften durch den dazu Berechtigten erfolgt ist? Verneint man diese Frage, und schließt

29) So auch Zorn I S. 158; a. A. Rosenberg S. 11.

die Prüfung in dieser Hinsicht aus[30]), so ist die ganze Prüfung ziemlich zwecklos, denn wenn sich wie Laband sagt die Prüfung in der Regel nur darauf erstreckt, daß in einer formell ordnungsmäßigen Urkunde die Vertretung des Staates im Bundesrat und die Führung der Stimmen demjenigen übertragen worden ist, welcher sich als Bevollmächtigter des Staats geriert, so kann man die ganze Prüfung ebensogut beiseite lassen. Schließt man sich aber Vogels an, der S. 19 Anm. 4 sagt: die Prüfung könne sich nicht nur, sondern müsse sich auch darauf erstrecken, daß die Bevollmächtigten von einem befugten Vertreter des Gliedstaats ausgegangen ist, so ergibt sich daraus häufig die Notwendigkeit einer Entscheidung des Bundesrats über einzelstaatsrechtliche Fragen. Um nur ein Beispiel zu nennen § 51 WürttVerfUrk. lautet: „Alle von dem Könige ausgehenden Verfügungen, welche die Staatsverwaltung betreffen, müssen von dem Departementschef kontrasigniert sein . . . ." Betrifft nun die Ernennung des Bundesratsbevollmächtigten die Württemb. Staatsverwaltung? Offenbar nicht direkt, sondern sie betrifft die Reichsverwaltung und damit indirekt allerdings die Württemb. Staatsverwaltung. Der Bundesrat hat also eventuell darüber zu entscheiden, ob § 51 WürttVerfUrk. dahin auszulegen ist, daß die Ernennung der Württemb. BRB. zur Württemb. Staatsverwaltung gehört und daher der Gegenzeichnung eines Departementschef bedarf. (Daß der König die BRB. zu ernennen hat, setze ich hier voraus; s. u.)

Man wird sich der Ansicht von Vogels anzuschließen haben, daß der Bundesrat selbst vor der Beschlußfassung die Legitimation seiner Mitglieder zu prüfen habe, weil einerseits eine Prüfung der Legitimation notwendig stattfinden muß und weil anderseits diese zwecklos wäre, wenn sie sich nur auf das Vorliegen einer rein äußerlichen Legitimationsurkunde erstrecken würde. Damit allein ist die Legitimation eben gerade nicht erwiesen. Wenn aber Vogels weiterhin die Auffassung vertritt, daß nach der Beschlußfassung des Bundesrats der Kaiser ebenfalls dasselbe weitgehende Prüfungsrecht habe, so ist ihm darin aus oben ausgeführten Gründen nicht zu folgen.

30) Laband I S. 249 f., Querfurth S. 15 f.

§ 12 Über die Dauer des Auftrags ist lediglich nichts bestimmt[31]). Ist sie auf unbestimmte Zeit erteilt, so kann sie vom Vollmachtgeber jederzeit widerrufen werden. Dieser Widerruf muß aber dem Bundesrat mitgeteilt werden, zumal wenn ihm eine Vollmachtsurkunde übergeben war. In diesem Fall — und er ist wie gesagt durchaus die Regel — muß dem Bundesrat schriftlich das Erlöschen der Vollmacht mitgeteilt werden[32]).

Unzweifelhaft kann die Vollmacht zeitlich beliebig beschränkt werden, dagegen ist es unzulässig, die Bevollmächtigten je für ein Ressort zu bevollmächtigen. Intern kann das natürlich jeder Staat, dem mehrere Stimmen im Bundesrat zustehen, halten wie er will, aber dem Reich, dem Bundesrat gegenüber ist eine derartige Beschränkung unwirksam. Es ist nicht angängig vom Bundesrat zu verlangen, daß er im einzelnen Falle prüft, ob ein Gegenstand in den Umfang der Vollmacht des X. oder des Y. fällt. Ganz unhaltbar und mit Art. 6 Abs. 2 RV. schlechterdings unvereinbar ist deshalb auch die Ansicht von Vogels S. 14: Ein Staat, dem nur eine Stimme im Bundesrat zusteht, könne mehrere Ressortbevollmächtigte ernennen anstatt eines Generalbevollmächtigten. Es ist dann nicht wie Vogels meint, im Grunde genommen in jedem Augenblick immer nur ein Bevollmächtigter vorhanden, sondern es sind in jedem Augenblick XBevollmächtigte vorhanden, nur nicht für jede Sache. Art. 6 ist zeitlich zu verstehen, zu gleicher Zeit können nicht mehr Bevollmächtigte eines Staats vorhanden sein, als er Stimmen hat, und nicht sachlich: Für jede Sache können nicht mehr Bevollmächtigte eines Staats vorhanden sein, als dieser Stimmen hat.

§ 13. Endlich bestimmt noch § 7 Abs. 3 S. 2 RV. daß nicht vertretene und nicht instruierte Stimmen nicht gezählt werden. Es ist bei dem rechtlichen Charakter des Bundesrats und der Art seiner Zusammensetzung selbstverständlich, außerdem aber durch Art. 6 a. E. ausdrücklich bestimmt, daß sämtliche einem Bundesstaat zustehenden Stimmen nur einheitlich abgegeben werden können,

---

31) Vogels S. 13.

32) Man kann hier unbedenklich die im BGB. aufgestellten für das bürgerliche Recht geltenden Grundsätze analog anwenden, muß sich nur dessen bewußt sein, daß es sich nicht um eine Vollmacht im eigentlichen Sinne handelt, sondern um die Ernennung eines Boten und ihre Mitteilung an den Bundesrat.

gleichgültig, ob der Bundesstaat soviele Bundesratsbevollmächtigte ernannt hat, als ihm Stimmen zustehen oder nicht, mehr darf er nicht ernennen; hieraus ergibt sich, daß es genügt, wenn von mehreren Bundesratsbevollmächtigten eines Staates einer instruiert ist, denn regelmäßig wird ja doch nur einer die Stimmen abgeben und nie werden soviele BRB. eines Staates, dem mehrere Stimmen zustehen, im Bundesrat anwesend sein, als der Staat Stimmen hat. So ist der Ausdruck „nicht instruierte Stimmen" zu verstehen. Wenn es außerdem in Art. 7 RV. heißt, daß nicht vertretene Stimmen nicht gezählt werden, anstatt: Stimmen nicht durch ihre Bevollmächtigten vertretener Staaten, so ergibt sich aus diesem Wortlaut deutlich der Sinn des Wortes „Stimme" in Art. 7 Ab. 3 Satz 2[33]).

Die übrigens unter allen Umständen notwendige Bestimmung des Art. 7 Abs. 3 S. 2 RV. findet noch eine besondere Erklärung in der Geschichte. Der Deutsche Bundestag kannte diese Bestimmung nämlich nicht, vielmehr war bei ihm Rechtens, daß die nicht instruierten Gesandten Aufschub der Abstimmung, hinsichtlich deren sie ohne Instruktion waren, verlangen konnten, einen Aufschub, der zwei bis vier Wochen dauern konnte. Von diesem Recht machten die Gesandten bezw. ihre Staaten weitestgehenden Gebrauch zum Zweck der Verschleppung der Verhandlungen. Dieser für ein festgefügtes Staatswesen unerträgliche und unmögliche Zustand durfte im Staatsrecht des neuen Reiches nicht wieder aufleben. Schon daraus erklärt sich die Bestimmung Art. 7 Abs. 3 S. 2. — Außerdem ist bei den heutigen hoch entwickelten Verkehrsmöglichkeiten der BRB. jederzeit in der Lage in kürzester Frist Instruktion einzuholen.

Es ist aber schon oben gesagt worden, daß über die Folgen der Instruktionslosigkeit eine Bestimmung in der RV. notwendig war, auch ganz abgesehen von dem warnenden Beispiel, das die Deutsche Geschichte bot. Es ist deshalb falsch, wenn Vogels S. 22 die in Frage stehende Bestimmung nur historisch erklären will. Wenn ein Bundesratsbevollmächtigter bei einer Abstimmung im Bundesrat erklärt nicht instruiert zu sein, oder wenn ein Staat dessen Bevollmächtigten die Tagesordnung mitgeteilt ist, bei einer auf der letzteren vorgesehenen Abstimmung nicht vertreten ist, so kann dies als Stimmenthaltung angesehen werden. Eine (andere)

33) Vgl. Müller S. 35 ff.

Stimmenthaltung kennt die Geschäftsordnung für den Bundesrat nicht. Selbstverständlich ist nun eine Bestimmung darüber notwendig, nach welchen Grundsätzen in diesen Fällen die Majorität im Bundesrat festzustellen ist. Die RV. hat in Art. 7 Abs. 3 den einfachsten und praktischsten zugleich radikalsten Weg eingeschlagen, der zur Lösung dieser Schwierigkeiten führt: Derartige nicht vertretene oder nicht instruierte Stimmen sind für die Feststellung des Abstimmungsergebnisses völlig irrelevant[34]).

Eine Rechtspflicht, die BRB. zu instruieren, oder überhaupt solche zu ernennen, besteht nach herrschender und richtiger Ansicht nicht. Die Ernennung und Instruktion ist nur ein Recht, keine Pflicht; a. A. ist Zorn, der Bd. I S. 157 meint, in der Nichternennung liege eine Nichterfüllung von verfassungsmäßigen Bundespflichten, die zur Bundesexekution führen könne. —

Aus den genannten Gründen ist die herrschende Ansicht, daß eine instruktionswidrige oder instruktionslose Abstimmung eines Bundesratsbevollmächtigten voll gültig sei, falsch. Der BRB. ist eben nur Bote ohne eigenen Willen hinsichtlich des Inhalts der von ihm abzugebenden Erklärung. Ganz gleichgültig ist endlich, ob der BRB. den Mangel der Instruktion dem Bundesrat mitgeteilt hat oder nicht. Auch dies ergibt sich aus der rechtlichen Stellung der Bundesratsbevollmächtigten als einer Botenstellung. Daraus ist aber nicht die Folgerung zu ziehen, daß jeweils vor einer Abstimmung im Bundesrat der Vorsitzende als derjenige, der die Stimmen zu zählen hat, nun bei sämtlichen verbündeten Regierungen anzufragen hätte, ob die BRB. instruiert sind. Das wäre sinnlos, denn in diesem Fall würde es viel einfacher sein, wenn die Regierungen gleich den Inhalt der Instruktion mitteilen würden.

IV. Kapitel.

Der Bundesrat als Richterkollegium.

§ 14. Neben seinen gesetzgeberischen Funktionen hat der Bundesrat auch richterliche, und zwar sind es deren seit Bestehen des Reichs immer mehr geworden.

---

34) Nach der hier vertretenen Auffassung kann ein Bundesstaat, dessen Bevollmächtigter instruiert ist, bei der Abstimmung jedoch fehlt oder erklärt nicht instruiert zu sein, diese Abstimmung ebenso anfechten, wie wenn der Bevollmächtigte anders, als die Instruktion ihm vorschreibt, abstimmt.

a) Die RV. sieht in Art. 19 vor, daß der Bundesrat die Exekution gegen Bundesglieder beschließt, die ihren Pflichten gegen das Reich nicht nachkommen.

Ferner hat die RV. in Art. 76 f. dem Bundesrat staatsrichterliche Funktionen übertragen. Wenn verschiedene Bundesstaaten Streitigkeiten miteinander haben, die sie durch kein Gericht entscheiden lassen können, da kein solches zuständig ist, so entscheidet der Bundesrat, wenn ein Teil seine Entscheidung anruft.

Ebenso ist der Bundesrat oberster Richter in Verfassungsstreitigkeiten die innerhalb eines Bundesstaats ausgebrochen sind, indem eine zur Entscheidung zustehende Behörde fehlt; auch hier tritt der Bundesrat nur auf Anrufen eines Teils in Tätigkeit.

Ferner bestimmt Art. 77 RV., daß wenn in einem Bundesstaat der Fall einer Justizverweigerung eintritt und auf gesetzlichen Wegen ausreichende Hilfe nicht erlangt werden kann, dem Bundesrat obliegt, erwiesene nach der Verfassung und den bestehenden Gesetzen des betr. Bundesstaates zu beurteilende Beschwerden über verweigerte oder gehemmte Rechtspflege anzunehmen und darauf die gerichtliche Hilfe bei der Bundesregierung, die zu der Beschwerde Anlaß gegeben hat, zu bewirken.

b) Weiterhin hat die Reichsgesetzgebung dem Bundesrat (so im Gesetze über die Konsulargerichtsbarkeit vom 7. April 1900 und im Schutzgebietsgesetz vom 25. Juli 1900, ferner im Reichsbeamtengesetz vom 7. Mai 1907 u. a. m.) Rechtsprechungsaufgaben gestellt. In diesen Fällen fungiert der Bundesrat als Verwaltungsgerichtshof.

Auch bezüglich dieser richterlichen Tätigkeit sind die BRB. lediglich die Boten der Entscheidungen ihrer Regierungen. Diese werden sogar gerade in diesen Fällen besonderen Wert darauf legen, selbst sich zu entscheiden; es entspräche nicht dem Charakter dieser Rechtsprechung, daß sie durch Einzelpersonen, untergeordnete Organe gepflegt würde. In den unter b) fallenden Sachen allerdings wird den BRB. weitestgehende Vollmacht erteilt sein, nach eigenem Ermessen zu urteilen. Der Charakter von Richtern, insbesondere deren Unabhängigkeit samt allem was mit ihr zusammenhängt, kommt aber darum den BRB. nicht zu.

Diese Fälle, in denen der Bundesrat im ganzen das Richterkollegium bildet, sind scharf zu scheiden von denjenigen, in welchen einzelne seiner Mitglieder Funktionen in richterlichen Kollegien haben.

V. Kapitel.

Bevorrechtigte Mitglieder des Bundesrats.

§ 15. Art. 15 RV. lautet: „Der Vorsitz im Bundesrate und die Leitung der Geschäfte steht dem Reichskanzler zu, welcher vom Kaiser zu ernennen ist." Aus Art. 17 ergibt sich ferner, daß der Reichskanzler zugleich verantwortlicher Minister des Reichs ist. Die Frage, ob in Art. 15 Abs. 1 zu: „Die Leitung der Geschäfte" die Worte: „des Bundesrats" hinzuzudenken sind, interessiert hier nicht, denn wenn auch dieser Absatz dahin zu verstehen wäre, wie Hensel[35]) annimmt, daß durch diese Worte dem Reichskanzler die Leitung der gesamten Reichsgeschäfte übertragen werden sollen, so ist hierin die Leitung der Geschäfte des Bundesrats jedenfalls inbegriffen, da ja dem Reichskanzler der Vorsitz im Bundesrat ausdrücklich übertragen ist. Übrigens liegt ja auch schon in der Zuweisung dieses Vorsitzes die Übertragung der Leitung der Geschäfte des Bundesrats. Auch daraus, daß in Art. 15, also in dem Artikel, der überhaupt von der Stellung des Reichskanzlers im Bundesrat handelt, die Leitung der Geschäfte dem Reichskanzler übertragen wird, daß aber erst im Art. 47 der Reichskanzler als Reichsminister und damit Leiter der Reichsgeschäfte erklärt wird, ergibt sich, daß die Worte „Leitung der Geschäfte" eine Tätigkeit des Reichskanzlers im Bundesrat bezeichnen sollen.

Dagegen spricht die Reichsverfassung nirgends aus, daß der Reichskanzler überhaupt Bundesratsbevollmächtigter, geschweige denn daß er preußischer BRB. sein müsse. Es besteht aber nach Art. 6 RV. der Bundesrat nur aus BRB. und der Vorsitzende gehört nun zweifellos auch zum Bundesrat. Ferner sagt Art. 15 Abs. 2: der Reichskanzler könne sich durch jedes „andere" Mitglied des Bundesrats vertreten lassen. Demnach ist vorausgesetzt, daß er selbst ebenfalls dessen Mitglied ist[36]). Man wird deshalb sagen können, daß der Reichskanzler notwendig BRB. sein muß. Eine andere Frage ist die, ob er gerade preußischer BRB. sein muß. Auch diese Frage ist zu

35) Hensel, Stellung des Reichskanzlers in Annalen des Deutschen Reiches 1882.

36) Anderer Ansicht Hänel, Die organisatorische Entwicklung der Deutschen Reichsverfassung S. 26 f.

bejahen und zwar aus verschiedenen Gründen. Zunächst aus dem mehr politischen, rechtlich sicher nicht zwingenden Grund, den Meier S. 19 anführt: Preußen als deutsche Vormacht kann den Vorsitz im Bundesrat beanspruchen. Dieser aber steht verfassungsmäßig dem Reichskanzler zu, also muß dieser die preußischen Stimmen führen.

Von einer anderen Erwägung ausgehend kommt Laband Bd. I S. 377 zu demselben Resultat. Er setzt dabei als nach Art. 15 RV. selbstverständlich voraus, daß der Reichskanzler BRB. sein muß. Daß er nicht die Stimme eines anderen Staates als Preußen abgeben kann, ergibt sich für Laband daraus, daß jeder Landesherr seinen Bevollmächtigten abberufen kann, die Verabschiedung des Reichskanzlers aber nach Art. 17 RV. ausschließliches Recht des Kaisers ist, daß sich demnach ein unlösbarer Konflikt ergeben würde, wenn der Kaiser den Reichskanzler nicht verabschieden will, dem der betr. Landesherr, der ihn zum Bundesrat bevollmächtigt hat, die Vollmacht entzogen hat.

Ferner läßt sich sagen, daß entsprechend dem Umstand, daß der König von Preußen die Präsidialgewalt im Reich ausübt, auch sein Bevollmächtigter den Vorsitz im Bundesrat haben soll.

Als letzteres Argument läßt sich endlich anführen, daß es zu ganz unmöglichen Konsequenzen führen würde, wenn der Reichskanzler, der nach Art. 17 RV. verantwortlicher Reichsminister des Kaisers ist, im Bundesrat kraft anderer Instruktion anders abstimmen würde, als die preußischen BRB., die den Willen der preußischen Regierung letzten Endes also des Kaisers, wenn auch als Königs von Preußen überbringen. Denn außerhalb des Bundesrats hat der Reichskanzler die Ansicht der kaiserlichen Regierung zu vertreten, die aber bei der notwendigen Identität des Kaisers und des Königs von Preußen vor der Entscheidung des Bundesrats über eine Frage, notwendig diejenige der preußischen Staatsregierung ist. Aus diesem Grunde ist es auch dringend wünschenswert und zweckmäßig, daß der Reichskanzler dem preußischen Staatsministerium angehört, rechtlich notwendig ist es nicht. Gehörte der Reichskanzler dem preußischen Staatsministerium nicht an, so würde dieses ihn zu instruieren haben, denn er hat die Präsidialanträge, die doch vom preußischen Ministerium ausgehen, im Bundesrat zu vertreten.

Es ist undenkbar, daß der einzige Minister des Reichs schlechthin dem Ministerium eines Einzelstaats, und sei es auch des größten, unterworfen ist, ohne irgend welche Einwirkung auf dessen Entschließungen zu haben.

§ 16. Endlich ist auch die Frage schon aufgeworfen worden, ob der Reichskanzler den Vorsitz im Bundesrat als preußischer Bevollmächtigter oder als Reichsminister führe[37]). Mit Recht ist die herrschende Ansicht die, daß der Reichskanzler als preußischer Bundesratsbevollmächtigter den Vorsitz und die Leitung der Geschäfte des Bundesrats hat und nicht als Reichsbeamter. Ein solcher hat im Bundesrat seiner ganzen rechtlichen Natur nach gar keinen Platz. Im Bundesrat sind nur die Vertreter der Einzelstaaten. Das ergibt sich schon aus Art. 6. Auch daraus, daß in Art. 15 dem Reichskanzler der Vorsitz im Bundesrat übertragen ist, aber erst in Art. 17 von seiner Stellung als verantwortlicher Minister gesprochen wird, kann gefolgert werden, daß das erstere unabhängig vom zweiten ist. Davon, daß der Reichskanzler gerade durch den Vorsitz etwa Reichsbeamter würde, kann schon gar keine Rede sein. Auch ist es, worauf Meier S. 19 sehr richtig hinweist, nur billig, daß Preußens Bevollmächtigter den Vorsitz im Bundesrat führt.

§ 17. Die Stellung des Reichskanzlers im Bundesrat geht aber nicht über das hinaus, was ihm Art. 15 zuweist: Vorsitz und Leitung der Geschäfte. Ersteres ist nach allgemeinen parlamentarischen Regeln zu verstehen nur mit dem Unterschied, daß der Reichskanzler bei Abstimmungen die preußischen Stimmen zu führen

37) Vgl. Hensel a. a. O. und Rosenberg insbes. S. 11 f.

Hensel stellt die Behauptung auf, der Reichskanzler sei Vorsitzender des Bundesrats nicht als BRB., sondern als Reichsbeamter, er müsse auch keineswegs BRB. sein, also auch nicht preußischer BRB.

Hiergegen hat sich die gesamte Theorie ausgesprochen und die Praxis ist die, daß der Reichskanzler stets preußischer BRB. ist. Dagegen ist Hensel darin beizupflichten, wenn er (gegen Hänel) scharf scheidet zwischen Führung der Präsidialstimme und Führung des Vorsitzes. Diese 2 Funktionen übt normalerweise der Reichskanzler aus (s. u.), und zwar notwendig entweder beide zusammen oder aber in Ausnahmefällen keine von beiden: dann, wenn er sich im Vorsitz durch einen nicht preußischen Bundesratsbevollmächtigten vertreten läßt. Die Präsidialstimme ist die preußische, nicht die Stimme des Vorsitzenden.

berechtigt ist und deshalb nicht seine Stimme Stichentscheid bringt. Dieser Unterschied ist dadurch bedingt, daß im Bundesrat nicht die anwesenden Personen abstimmen, sondern die verbündeten Regierungen mit Hilfe ihrer Boten.

Der Reichskanzler eröffnet und schließt also die Sitzungen. Er erteilt das Wort, leitet die Abstimmung und verkündet ihr Ergebnis (vgl. § 13 GeschO.). Überhaupt geschieht die Leitung der Geschäfte ebenfalls nach allgemeiner parlamentarischer Übung und vor allem nach der revidierten Geschäftsordnung für den Bundesrat vom 26. April 1880[38]), sowie nach gewohnheitsrechtlicher Übung. So ist zu erklären, daß der Reichskanzler den Vorsitz in den 7 in Art. 8 Abs. 1 RV. genannten Ausschüssen führt[39]) und die dem Vorsitzenden eingeräumten sonstigen Vorrechte ausübt. — Jedenfalls hat der Reichskanzler die Sitzungsordnung zu wahren, auf Einhaltung der Geschäftsordnung zu halten und Beschwerden des Bundesrats über einzelne Mitglieder deren Regierungen mitzuteilen.

Zu der Geschäftsleitung, zum Vorsitz überhaupt, gehört die Vertretung des Bundesrats als Ganzen nach Außen. So hat der Reichskanzler die Ansichten des Bundesrats im Reichstag zu vertreten, auch wenn sie nicht die seinigen, bezw. diejenigen der preußischen Regierung sind; er ist überhaupt die Mittelsperson zwischen Bundesrat und Reichstag und ebenso zwischen Kaiser und Bundesrat, dagegen ist er dies nicht zwischen dem Bundesrat und den Einzelregierungen, vielmehr sind hier die BRB. die Vermittler. Was die Öffentlichkeit über die Tätigkeit des Bundesrats erfahren soll, wird ihr durch den Reichskanzler nach § 25 GeschO. durch Veröffent-

38) Im einzelnen auf die Geschäftsordnung des Bundesrats einzugehen erübrigt sich. Eine besonders wichtige Bestimmung enthält § 9 Abs. 2 GeschO.: „An den Bundesrat gerichtete Eingaben werden von dem Reichskanzler, sofern er es nicht für angemessen erachtet, dieselben auf die Tagesordnung der nächsten Sitzung zu bringen, dem zuständigen Ausschusse vorgelegt. Der Reichskanzler kann aber Eingaben, die unzweifelhaft nicht zum Geschäftskreis des Bundesrats gehören, sofort in geeigneter Weise erledigen und Beschwerden, aus denen nicht erhellt, daß der gesetzliche Instanzenzug erschöpft ist, zur Zeit zurückweisen.

39) Vogels S. 25.

lichung der Berichte über die Sitzungen des Bundesrats im Reichsanzeiger vermittelt[40]).

Stets steht das Kollegium über dem Reichskanzler, dessen Entschließungen sind nur gültig vorbehaltlich der ausdrücklichen oder stillschweigenden Zustimmung der Mehrheit des Bundesrats[41]). Hierbei muß man sich daran erinnern, daß diese sich nicht nach der Zahl der anwesenden BRB., sondern nach derjenigen der vertretenen und instruierten Stimmen richtet.

§ 18. Der Reichskanzler kann sich nach Art. 15 Abs. 2 RB. „durch jedes andere Mitglied des Bundesrats vermöge schriftlicher Substitution vertreten lassen".

Diese besondere Vertretung im Bundesrat ist zu unterscheiden von der Vertretung des Reichskanzlers im ganzen, wie sie § 2 Abs. 1 des Gesetzes vom 17. März 1878 vorsieht. Der General-Stellvertreter nach dem Gesetz von 1878 ist natürlich nicht ipso jure BRB., aber der Kaiser, der ihn ja doch nach § 2 des Gesetzes zu ernennen hat, muß ihn ebenso zum — mindestens stellvertretenden — BRB. ernennen wie den Reichskanzler selbst. Der Reichskanzler bleibt BRB. und kann auf Grund des § 3 des Gesetzes vom 17. März 1878 jederzeit die ihm durch Art. 15 RB. zugeschriebenen Rechte — Vorsitz im Bundesrat und Leitung der Geschäfte — ausüben und dieselben durch jedes andere Mitglied des Bundesrats auf Grund Substitutionsvollmacht ausüben lassen. Zorn sagt im Bd. I S. 162 und S. 264 f.: „Ist auf Grund des Gesetzes vom 17. März 1878 ein General-Stellvertreter ernannt, so hat derselbe das Recht des Vorsitzes im Bundesrat nicht." „Den Vorsitz im Bundesrat an Stelle des Kanzlers hat der Vizekanzler nicht kraft seines Amtes, sondern nur, wenn er Substitutionsvollmacht erhält." Diese Behauptungen sind zweifellos durch das Gesetz nicht begründet. § 4 des Gesetzes sagt, daß durch das Gesetz der Art. 15 RB. nicht berührt sei, d. h. doch einfach, der Reichskanzler kann sich auch durch jedes andere Mitglied des Bundesrats vertreten lassen. Der § 4 bezieht sich offenbar insbesondere auf § 1 des Gesetzes, in dem gesagt ist, daß der Kaiser den Stellvertreter ernennt. Dies ist nun bei einer Stellvertretung im Bundes-

40) Poschinger II S. 300 ff. und III S. 237, 314.

41) Vgl. GeschO. § 9 Abs. 3.

rat nicht notwendig. In diesem Fall kann der Reichskanzler selbst durch eine von ihm zu erteilende schriftliche Substitutionsvollmacht den Stellvertreter bestimmen. Wenn aber §§ 1 und 2 des Gesetzes die Möglichkeit geben, daß ein Stellvertreter allgemein für den gesamten Umfang der Geschäfte und Obliegenheiten des Reichskanzlers auf dessen Antrag vom Kaiser ernannt wird, so fallen in dessen Wirkungskreis sicher auch die dem Reichskanzler in Art. 15 RV. übertragenen Geschäfte und Obliegenheiten und er bedarf keiner vom Reichskanzler ausgestellten Substitutionsvollmacht; wohl aber geht ein vom Reichskanzler mit einer solchen versehenes anderes Mitglied des Bundesrats dem General-Stellvertreter vor, da es sich hier um eine speziellere Vollmacht handelt, die nach § 4 des Gesetzes der Reichskanzler ausstellen kann.

§ 19. Durch das Bayerische Schlußprotokoll vom 23. November 1870 ist festgesetzt, daß im Falle der Verhinderung Preußens[42]) der bayerische Vertreter den Vorsitz im Bundesrat haben soll.

§ 20. Den Vorsitz in 10 von den 11 in GeschO. § 17 vorgesehenen dauernden Ausschüssen des Bundesrats führt ein vom König von Preußen zu bestimmender preußischer BRB.[43]). Dieser hat die Leitung und den Vorsitz im Ausschuß. Seine rechtliche Stellung unterscheidet sich jedoch nicht von derjenigen der anderen BRB.; tatsächlich hat der Reichskanzler diesen Vorsitz inne. In dem Ausschuß für auswärtige Angelegenheiten führt auf Grund Art. 8 Abs. 3 RV. ein bayerischer BRB. den Vorsitz; bezüglich seiner Rechtsstellung unterscheidet er sich jedoch ebenfalls nicht von den anderen BRB.

VI. Kapitel.

Verhältnis der Bundesratsbevollmächtigten zum Kaiser.

§ 21. Obwohl der Bundesrat ein Organ des Reichs und nur dieses ist, so sind die Bundesratsbevollmächtigten doch keine Reichsbeamten, sie stehen also nicht zum Kaiser in dem Verhältnis, in dem die Reichsbeamten zu ihm stehen. Sie werden vor allem nicht von

42) Es gehen also alle preußischen Bevollmächtigten vor. Daß der Fall praktisch vorkommt, ist demnach kaum denkbar.

43) GeschO. § 19 Abs. 2.

ihm ernannt, wenn schon die Ernennung durch den Kaiser keine notwendige Voraussetzung für die Eigenschaft als Reichsbeamter ist[44]). Sie empfangen auch keinerlei Rechtsvollmacht von ihm oder vom Reich, es besteht zwischen ihnen und dem Reich kein Delegationsverhältnis[45]), sie sind delegiert von den Einzelstaaten.

Auch schließt das Reichsbeamtengesetz durch seinen § 1, wie Vogels richtig bemerkt, die Möglichkeit aus, die BRB. als Reichsbeamte anzusehen, denn Reichsbeamte im Sinne dieses Gesetzes sind außer den vom Kaiser angestellten Beamten nur solche, die nach Vorschrift der RV. den Anordnungen des Kaisers Folge zu leisten verpflichtet sind. Dies trifft natürlich auf die BRB. nicht zu, steht doch der Bundesrat in gewissem Sinn über dem Kaiser.

§ 22. Eingangs dieser Untersuchung wurde darauf hingewiesen, daß man die BRB. in mancher Hinsicht als Nachfolger der alten Bundestagsgesandten ansehen könne. Daran erinnert vor allem Art. 10 RV., in dem von dem „üblichen diplomatischen Schutz" die Rede ist, den der Kaiser den BRB. gewähren soll. Nirgends werden die BRB. als Gesandte bezeichnet, aber in Art. 10 wird gesagt, daß ihnen der Schutz gewährt werde, der diplomatischen Persönlichkeiten gegenüber üblich ist, anders ist der Artikel nicht zu verstehen. Sind nun die BRB. diplomatische Persönlichkeiten, ist ihre Stellung diejenige eines Diplomaten? Das Wesen einer diplomatischen Stellung liegt doch wohl darin, daß der Diplomat die Interessen seines Heimatstaats gegenüber einem anderen Staat vertritt und zwar nicht nur in einem andern Staat, sondern gegenüber dessen Regierung, dessen Organen. Dies trifft nun für die BRB. nicht zu[46]). Sie vertreten nicht ihre Einzelstaaten; aber sie sind immerhin Boten anderer Staaten und als solche nach völkerrechtlichem Brauch besonders zu respektieren; sie genießen als solche ein besonderes Gastrecht. Ihre Botenstellung ist eine einer Diplomatenstellung in mancher Hinsicht ähnliche. Der andere Staat aber, dessen Organen die BRB. den Willen ihrer Heimatstaaten vermitteln,

---

44) Eine Ausnahme bilden z. B. die vom König von Bayern zu ernennenden Mitglieder des Bayer. Senats des Reichsmilitärgerichts, ebenso die Beamten des Reichstags.

45) Vogels S. 30.

46) So auch Müller S. 13 f.; a. A. Querfurth S. 16.

ist das Deutsche Reich. Die Organe sind Bundesrat und Reichstag. Der diplomatische Schutz aber wird den BRB. gegenüber dem Königreich Preußen gewährt, nicht gegenüber dem Reich also gegenüber dem Staat, in dem der Bundesrat seinen Sitz hat, und in dem die einzelnen Bundesratsbevollmächtigten als Boten tätig werden. Daß die BRB. den Willen ihres Staats dem Bundesrat als Gesamtkörperschaft übermitteln, dürfte nicht bestritten werden; dagegen stehen die einzelnen BRB. in keiner direkten Beziehung zum Kaiser, auch daraus geht hervor, daß sie nicht Vertreter ihrer Staaten sind, sondern Boten. Dem Kaiser, dem Bundespräsidium als solchem gegenüber sind vielmehr zur Vertretung der Einzelstaaten und deren Regierungen vor allem die Monarchen und Senate berufen. Wenn eine Anzahl von Bundesstaaten am Berliner Hofe Gesandte beglaubigt hat, so sind das eben Gesandte am Kgl. Preußischen Hofe, beim König von Preußen. Sie nehmen die Rechte und Interessen ihres Heimatstaates gegenüber dem Königreich Preußen und seiner Regierung wahr[47]). Endlich genügt es, auf Art. 9 RV. hinzuweisen, um zu zeigen, daß die BRB. berufen sind, die Ansichten ihrer Regierungen dem Reichstag mitzuteilen.

§ 23. Nach Art. 10 gewährt der Kaiser den von den einzelstaatlichen Regierungen entsandten Boten der Einzelstaaten den diplomatischen Schutz, nicht der König von Preußen und wenn aus diesem oder jenem Grunde der Bundesrat einmal z. B. in München seine Sitzungen halten würde, so würde wiederum der Kaiser nicht der König von Bayern den diplomatischen Schutz gewähren. Letzteren ginge ja der Bundesrat nichts an. Deshalb ist auch die Auslegung[48]) des Art. 10 falsch, nach der der Kaiser in seiner Eigenschaft als König von Preußen den diplomatischen Schutz gewährt, als solcher hat er mit dem Bundesrat nichts zu tun. In welchem Bundesstaat auch immer der Bundesrat tagt, die BRB. werden jeweils dort

---

47) Vogels, der die BRB. als bevollmächtigte Vertreter gegenüber dem Reich annimmt, sollte ihnen Gesandtenstellung einräumen und nicht S. 45 den Beweis dafür antreten, daß für Gesandte kein Raum, im Bundesstaat sei. Im übrigen erscheint die Interpretation Vogels zu Art. 10 RV. höchst willkürlich, er geht von tatsächlichen ungerechtfertigten Voraussetzungen aus.

48) Vogels S. 47.

exterritorial sein, d. h. der Gerichtsbarkeit und der Verwaltung dieses Staates, soweit sie auf landesgesetzlichen Vorschriften beruhen, nur in geringem Maße unterworfen sein, dagegen unterstehen die BRB. im ganzen Deutschen Reich dem Reichsrecht; die Reichsgesetzgebung hat ihnen allerdings verschiedene Privilegien verschafft (s. u.). Nach herrschender und richtiger Ansicht bezieht sich die Gewährung des diplomatischen Schutzes nicht auf die BRB. desjenigen Staats, in dem der Bundesrat tagt. Dies hat seinen Grund darin, „daß der BRB. als Vertreter eines fremden Staates der Staatsgewalt des einheimischen Staats nicht unterliegen darf"[49]). In dieser Hinsicht sollen die BRB. ja wie Vertreter behandelt werden. Irgendwelche Abhängigkeit der BRB. vom Kaiser ist durch Art. 10 nicht gegeben. Der rechtlichen Stellung des Bundesrats und des Kaisers würde es eigentlich entsprechen, daß der Bundesrat als höchstes Organ der BRB. den diplomatischen Schutz gewährt, wie der Monarch in monarchischen Einheitsstaaten den Gesandten. Es liegt also in Art. 10 RV. eine Delegation an den Kaiser vor, die wohl ihren Grund darin hat, daß dem Kaiser der Oberbefehl über Heer und Marine zusteht, er also allein in der Lage ist, dem von ihm zu gewährenden Schutz Nachdruck zu verleihen, daß überhaupt der Kaiser vollziehendes Organ des Reichs ist.

VII. Kapitel.

Verhältnis der Bundesratsbevollmächtigten zum Reichstag.

§ 24. So wenig der Bundesrat ein Parlament, ein Oberhaus, eine erste Kammer oder ähnliches ist, sowenig ist die staatsrechtliche Stellung der BRB. mit derjenigen der Reichstagsabgeordneten zu vergleichen. Im Gegenteil Bundesrat und Reichstag stehen einander gegenüber als Regierung und Volksvertretung, als zwei nebeneinanderstehende zusammen keine Einheit bildende Organe des Reichs. Es ist also anders, als wenn erste und zweite Kammer, Herrenhaus und Abgeordnetenhaus zusammen den Landtag bilden. Darum ist auch die Vorschrift des Art. 9 Satz 2 RV., wonach niemand gleichzeitig Mitglied des Bundesrats und des Reichstags sein kann, so eigentümlich sie scheint, wohl begründet;

49) Vogels S. 48.

sie findet darin ihre Berechtigung, daß die BRB. im Bundesrat nach Instruktionen stimmen, im Reichstag die Ansicht ihrer Regierung vertreten, in beiden Fällen also keine eigene Ansicht kund tun. Deshalb würde es untunlich erscheinen, wenn sie nun zugleich als Volksvertreter im Reichstag ihre persönliche Ansicht äußern könnten, die der ebenfalls von ihnen zu vertretenden Ansicht ihrer Regierung zuwiderlaufen könnte. Sie sind eben nicht in dem Sinn Regierungsmitglieder, wie z. B. Minister, die zumal in parlamentarisch regierten Ländern sehr häufig dem Parlament, dann aber stets dessen Mehrheit, angehören. Der Minister deckt mit seiner Person Regierungsvorlagen. Seine Ansicht ist die Ansicht der Regierung, andernfalls ist für ihn kein Raum mehr im Ministerium. Der BRB. ist nur Bote, nur Mund und teilt die Ansicht eines zur Bildung des Willens der Reichsregierung notwendigen Faktors, einer einzelnen Staatsregierung mit, von deren Richtigkeit er aber nicht persönlich überzeugt sein muß, und die sich auch nicht decken muß mit dem durch Zusammen- und Gegeneinanderwirken aller Faktoren nach ihren verschiedenen Gewichten entstandenen Willen der Reichsregierung. Unbestreitbar und durchaus herrschende Ansicht ist, daß der Art. 9 Satz 2 nicht den BRB. das sogen. passive Wahlrecht, die Wählbarkeit benimmt, sondern daß auf sie fallende Stimmen gültig und zu zählen sind. Hat ein BRB. die zur Wahl notwendige Majorität, so ist er allerdings zunächst noch nicht Reichstagsabgeordneter, so wenig wie ein anderer für den die Majorität abgestimmt hat, vielmehr muß hierzu die Annahmeerklärung kommen. Erst durch sie erreicht der Gewählte die Abgeordnetenqualität. Diese Annahme kann aber ein BRB. nicht gültig erklären, bevor er aufgehört hat BRB. zu sein, seine Vollmacht zum Bundesrat also erloschen ist. Die notwendige Kehrseite ist, daß ein Mitglied des Reichstags, solange sein Mandat nicht durch Verzicht oder Zeitablauf erloschen ist, nicht gültig zum BRB. ernannt werden kann.

§ 25. Ebenfalls in Art. 9 und ferner in Art. 16 regelt die RB., in welcher Weise und aus welchem Anlaß die BRB. im Reichstag auftreten können, eventuell müssen. Schon oben ist erwähnt, daß der BRB. jederzeit die Ansicht der von ihm vertretenen Regierung über einen zur Tagesordnung stehenden Punkt dem Reichstag mitteilen und ihm gegenüber vertreten kann, auch dann wenn diese

Ansicht nicht diejenige der Mehrheit des Bundesrats ist. Außerdem ist die Übung aufgekommen, daß die BRB. über Einzelfälle, die sich in ihren Heimatsstaaten ereignet haben, dem Reichstag Aufschluß geben. Dieser Gebrauch ist gedeckt durch Art. 9 RV. Es ist eine spitzfindige Wortauslegung, wenn gesagt wird, in dem Wort „jederzeit" in Art. 9 sei enthalten, daß der BRB. auch dann gehört werden müsse, wenn er über Dinge spricht, die nicht zur Debatte stehen, oder gar er habe das Recht, gehört zu werden, wenn ein anderer spricht, könne also beliebig ins Wort fallen[50]). Es versteht sich ganz von selbst, daß, wenn ein BRB. im Reichstag auftritt, er der vom Präsidenten zu handhabenden äußeren Ordnung untersteht, soweit sie durch das Erfordernis sachlicher Arbeit geboten ist. Völlig gleichgültig ist hierfür, ob der BRB. gemäß Art. 9 also im Namen seiner Landesregierung, oder gemäß Art. 16 also im Namen des Bundesrats spricht. Diese Gewalt des Präsidenten geht jedoch nicht soweit, daß er z. B. BRB. zur Ordnung rufen darf[51]). Dies kann auch nicht dergestalt geschehen, daß der Präsident erklärt, „wenn der Redner ein Mitglied dieses hohen Hauses wäre, würde ich ihn zur Ordnung rufen"[51]). Der BRB. ist Regierungsvertreter und untersteht nicht der Kritik des Präsidenten, wie die Mitglieder des Reichstags, die auch ohne die Regierung fragen zu müssen, sich ihren Präsidenten wählen. Selbstverständlich ist, auch ohne daß es die Geschäftsordnung für den Reichstag noch besonders aussprechen würde, was sie aber in Wirklichkeit tut, daß unter Reichstag nicht nur das Plenum, sondern auch die Kommissionen zu verstehen sind.

Dagegen darf der BRB. nicht das Wort ergreifen in Dingen, die, kurz gesagt, die Regierung nichts angehen, z. B. Ausschmückung des Reichstagsgebäudes, Wirtschaftsbetrieb in demselben u. ähnl.

Bestritten ist, ob auch die Kommissare zu den Mitgliedern des Bundesrats gehören, im Sinne des Art. 16 RV.

Mit der herrschenden Lehre ist anzunehmen, daß eine solche Ausdehnung dem Wortlaut der RV. widerspricht. Die Ausdrucksweise der RV. läßt hierüber keinen Zweifel. Auch die Geschäftsordnung stellt sich auf diesen Standpunkt und hat den Kommissaren

50) So auch Querfurth S. 33 und Vogels S. 35.

51) Anderer Ansicht Vogels S. 37; a. A. offenbar Querfurth S. 34.

ausdrücklich dieselben Rechte eingeräumt, wie sie auf Grund der Verfassung die Mitglieder des Bundesrats haben. Im übrigen stehen die BRB. den Reichstagsabgeordneten im Verhältnis zum Präsidenten gleich. Sie sind an die zur Debatte gestellten Gegenstände gebunden, haben nach Art. 35 GeschO. ein Recht auf Mitteilung der nächsten Tagesordnung, können nur reden, wenn der Präsident ihnen das Wort erteilt (dies muß er aber auch außer der Reihe) und nur innerhalb des Zeitraums zwischen Eröffnung und Schließung der Debatte. Dies alles ist sehr bestritten, vom praktischen Gesichtspunkt aus ist jedoch die hier vertretene Ansicht gerechtfertigt. Ein Zwangsmittel, z. B. Entziehung des Worts oder ähnl. hat der Präsident niemals gegenüber Regierungsvertretern; denn der Präsident ist ein Organ des Reichstags, die BRB. aber sind Mitglieder der Regierung und wie die Volksvertretung niemals der Regierung untergeordnet ist, so ist auch nie das Gegenteil der Fall. Schutz gegen Mißbrauch ihrer Stellung im Reichstag durch die BRB. gewährt die Tatsache, daß sie ihrer Regierung unterstellt und von ihr in der Regel disziplinarisch zur Verantwortung gezogen werden können (s. u.). — Mitglieder des Reichstags sind die BRB. nicht, Art. 30 RV. kommt ihnen also nicht zugute.

VIII. Kapitel.

Die Bundesratsbevollmächtigten als Mitglieder von Reichsbehörden.

§ 26. In der Gesetzgebung hat der Bundesrat als ganzer seine Stellung, ist er ein Faktor; der einzelne Bevollmächtigte tritt hier nach außen nicht hervor, er ist nur ein Mittel zur Bildung des Willens des Bundesrats als eines Organs des Reichs. Auf den beiden andern Gebieten staatlicher Tätigkeit aber, der Verwaltung und der Rechtsprechung, treten die einzelnen Bevollmächtigten ein in die Behördenorganisation als Mitglieder von Reichsbehörden neben der Tätigkeit des Bundesrats als ganzem auch auf diesen Gebieten. — Dies ist zweifach denkbar und es sind die beiden Fälle zu unterscheiden: Der erste ist der, daß ein Reichsbeamter (vom Reichskanzler soll hier ganz abgesehen werden) zum Bundesratsbevollmächtigten ernannt wird. Praktisch wurde dies bis jetzt offenbar nur in der Art, daß der König von Preußen Reichsbeamte, vor allem Staatssekretäre zu preußischen Bundesratsbevollmächtigten ernannt hat. Es besteht aber natürlich auch kein Hindernis, daß ein anderer Bundesfürst einen Reichsbeamten zum BRB. ernennt, oder daß 2 oder mehr Fürsten einen solchen zusammen ernennen und mit Führung ihrer Stimmen betrauen[52]). Diese Reichsbeamten sind infolge ihrer Sachkenntnis besonders geeignet, Mitglieder des Bundesrats zu sein; sie haben sich amtlich mit den einschlägigen Fragen bekannt zu machen und sind somit am sachverständigsten und am besten unterrichtet.

Die andere Möglichkeit ist die, daß Bundesratsbevollmächtigte zu Mitgliedern von Reichsbehörden ernannt werden, sei es vom Kaiser oder vom Bundesrat oder von einem Bundesfürsten, dem etwa ein solches Ernennungsrecht zustände[53]). In dem letzteren Fall, daß Bundesratsbevollmächtigte zu Mitgliedern von Reichsbehörden ernannt werden, entsteht eine neue eigenartige Beziehung; sie sind damit nicht mehr nur Beauftragte ihres Bundesstaats, sondern außerdem auch noch dem Reich zur Leistung von Diensten verpflichtet. Umgekehrt treten Reichsbeamte, die zu BRB. irgend eines Bundesstaats ernannt werden, in den Dienst dieses Staats, woraus sich für sie eigentümliche Konsequenzen ergeben können; man denke z. B. sie vertreten als Reichsbeamte den Standpunkt der Reichsregierung, d. h. der Mehrheit des Bundesrats zu einer Frage im Reichstag. Als BRB. aber wurden sie in abweichender Weise (ihrer persönlicher Ansicht entsprechend oder nicht) instruiert, haben entsprechend der Stellung ihrer Regierung im Bundesrat abgestimmt und sollen nun auf deren Weisung hin ebenfalls diese abweichende Stellung im Reichstag zum Ausdruck bringen.

§ 27. Welcher rechtliche Charakter ergibt sich für diese Art doppelter Diensttätigkeit der Bundesratsbevollmächtigten? Als was stellt sich die Tätigkeit im Nebenamt dar? Ist ein Übergreifen der hauptamtlichen Unterordnung möglich? Dies ist zu verneinen. Wie eben dargelegt, ergeben sich hieraus unter Umständen eigentümliche Konsequenzen, die man aber wird ziehen müssen. Die beiden

---

52) Vgl. Geschäftsordnung für den Bundesrat § 2 Abs. 2.

53) Siehe Anmerkung 44.

Dienstverhältnisse gehen schlechthin nebeneinander her, sind völlig unabhängig voneinander, es ist ja jederzeit den beteiligten Faktoren möglich, das eine oder das andere Verhältnis zu lösen, sobald sich Unzuträglichkeiten ergeben. Wenn also einem BRB. ein Reichsamt übertragen wird, dann steht er hinsichtlich desselben völlig selbständig da, wobei es gleichgültig ist[54]), ob er als BRB. zum Mitglied der betreffenden Reichsbehörde vom Bundesrat ernannt ist, wie z. B. die nach §§ 12 und 13 der Reichsschuldenordnung der Reichsschuldenkommission angehörigen Mitglieder des Bundesratsausschusses für das Rechnungswesen, oder ob der Bundesrat, der ihn ernannte, auch andere als BRB. hätte ernennen können, wie z. B. gemäß § 11 des Gesetzes betr. Gründung und Verwaltung des Reichsinvalidenfonds. Endlich ernennt der Kaiser 4 Bundesratsbevollmächtigte zu Mitgliedern des Disziplinarhofes. Diese haben als solche nur nach ihrer Überzeugung zu handeln und zu stimmen[55]), denn der Disziplinarhof ist eine richterliche Behörde. Es hat ihnen also weder der Kaiser noch sonst jemand Instruktionen hinsichtlich der Ausübung dieses Amts zu erteilen; und ebenso liegt der Fall, wenn BRB. nichtständige Mitglieder des Reichsversicherungsamts gemäß § 87 RVO. sind. Auch hier sind sie lediglich Richter die nach eigenem pflichtmäßigem Ermessen entscheiden[56]).

§ 28. Sieht man von den zuletzt genannten Fällen, in denen die BRB. Richtertätigkeit ausüben ab, und faßt man nur die Fälle in die Augen, in denen BRB. als solche vom Bundesrat (nicht von ihren heimatlichen Regierungen) zu Mitgliedern von Reichsverwaltungsbehörden gewählt werden, so ergibt sich auf den ersten Blick allerdings eine doppelte Möglichkeit der Auffassung. Entweder man geht davon aus, daß die BRB. diese Ämter nur eben als BRB.

---

54) Anderer Ansicht Vogels S. 40 f.

55) Vgl. §§ 108 und 116 RBeamtG.

56) Diese Fälle richterlicher Tätigkeit der BRB. sind wohl zu scheiden von den unter Art. 76 und 77 RV. fallenden. In diesen letzteren ist der Bundesrat als solcher das Richterkollegium. In allen Fällen, in denen aber der Bevollmächtigte im Bundesrat als solchem auftritt, ist er an Instruktionen gebunden. Anders, wenn einzelne BRB. mit richterlichen Funktionen in Rechtsprechungskollegien betraut werden. Im Bundesrat wird nach Staaten-, im Richterkollegium nach Personenstimmen gezählt.

erhalten, als solche aber immer an die Instruktionen ihrer Heimatstaaten gebunden sind, also auch im Hinblick auf diese Verwaltungsämter nach bundesstaatlicher Instruktion zu handeln haben. Oder man sagt: allerdings erhalten die BRB. diese Ämter nur eben als BRB., aber es tritt in diesen Fällen zwischen sie und ihre Regierungen der Bundesrat, dessen Abstimmung durchweg auf Instruktionen beruht. Folglich instruiert nun nicht mehr die heimatliche Regierung, sondern der Bundesrat, er als höchstes Reichsorgan ist die Spitze der Reichsverwaltung und hat die Tätigkeit der Reichsämter zu leiten und zu überwachen[57]).

Diese Stellung kommt nach dem Geiste der Reichsverfassung nicht einzelnen Mitgliedern des Bundes, nicht einzelnen Regierungen zu, sondern der Gesamtheit der verbündeten Regierungen. Der Bundesrat instruiert seine Vertreter in den Behörden und zwar beruht diese Instruktion, die eine Dienstanweisung darstellt, letzten Endes wieder auf der durch Instruktionen bedingten und zustande gekommenen Entscheidung des Bundesrats, die einen Mehrheitsbeschluß darstellt. Diese Auffassung entspricht allein dem bundesstaatlichen Charakter des Deutschen Reichs. Der größere oder geringere Einfluß der einzelnen Regierung macht sich geltend im Bundesrat und dadurch indirekt, aber nicht direkt in den einzelnen Reichsbehörden. Eine Unterscheidung, wie sie Vogels S. 43 machen will, je nachdem „ob die in den einzelnen Reichsbehörden sich vollziehende Tätigkeit der BRB. durch Anweisungen seiner heimatlichen Behörde maßgebend bestimmt werden kann, oder ob er von diesen Behörden unabhängig von seiner Regierung lediglich im Namen und im Auftrag des Reichs tätig werden kann“ erscheint unmöglich durchzuführen und unrichtig. Die Mitglieder von Reichsverwaltungsbehörden haben, gleichgültig, ob sie BRB. sind oder nicht, keinerlei Instruktionen von Landesregierungen zu empfangen: über den Reichsbehörden steht lediglich das Plenum des Bundesrats, dieses als höchstes Reichsorgan, als Körperschaft und Körperschaftsorgan hat den ihm nachgeordneten Reichsbehörden als ihre

---

57) Wie der Monarch als höchstes Organ an der Spitze des pouvoir exécutif des Einzelstaats, so steht der Bundesrat als höchstes Reichsorgan an der Spitze der Reichsverwaltung.

vorgesetzte Behörde Weisungen zu erteilen[58]). Es kann nicht Zweck einer reichsgesetzlichen Bestimmung sein, dem einen oder anderen Bundesstaat die Möglichkeit zu geben, die Tätigkeit einer Reichsverwaltungsbehörde in einer lediglich seinen Einzelstaatsinteressen dienenden Richtung zu beeinflussen. Dadurch würde nicht wie Vogels S. 41 meint, das der Reichsverfassung eigene förderative Element zur Geltung gebracht, sondern im Gegenteil es würde hierdurch in einer dem Bundesstaatscharakter des Deutschen Reichs stracks zuwiderlaufenden Weise der einseitigen Verfolgung von Einzelwünschen und Sonderinteressen auf Kosten der gemeinsamen der Weg geebnet.

IX. Kapitel.

Sonstige reichsgesetzliche Bestimmungen über die Bundesratsbevollmächtigten.

§ 29. Oben wurde von der Exterritorialität der BRB. gesprochen, die sich aus ihrer gesandtenähnlichen Stellung ergibt. Die daraus erwachsenden Vorrechte der BRB. sind jedoch räumlich beschränkt auf das Gebiet des Staats, in dem der Bundesrat seinen Sitz hat, sachlich grundsätzlich aber nicht ausnahmslos auf Exemptionen von landesrechtlichen Bestimmungen und persönlich endlich auf diejenigen BRB., deren heimatlicher Bundesstaat nicht derjenige ist, in dem der Bundesrat seinen Sitz hat. Im Unterschied hiervon gibt es Vorrechte für BRB., die ihnen allen im ganzen Deutschen Reich gegenüber aus Reichsgesetzen erwachsenden Pflichten zustehen, wenn sie auch zum Teil für die preußischen Bevollmächtigten ohne praktische Bedeutung sind. Diese Exemptionen — Privilegien — müssen natürlich wiederum und zwar im einzelnen durch Reichsgesetz gewährt sein, um gültig zu sein. Die BRB. genießen hier Vorrechte, wie sie besonders hochgestellten Beamten und den Parlamen-

58) Die Ansicht, daß die zu Mitgliedern von Reichsverwaltungsbehörden ernannten BRB. ihre Tätigkeit in diesen nach Weisungen, die sie von ihrer heimatlichen Regierung bekommen, einrichten müssen, führt zu ungeheuerlichen Resultaten, sobald der BRB. einen Staat vertritt, der im Bundesrat in der Minderheit geblieben ist. Die BRB. führen ja in diesen Verwaltungsbehörden nicht Staatenstimmen, sondern jeder hat eine Stimme: sie sind nicht von ihren Staaten, sondern vom Bundesrat mit dem Amt betraut.

tarien zuerkannt sind. Ihr Zweck ist, den ruhigen Fortgang der Geschäfte des Bundesrats zu sichern.

§ 30. Zu der ersten Klasse von Privilegien sind folgende zu rechnen: GVG. § 18 Abs. 2 gewährt die Exemption von der Gerichtsbarkeit desjenigen Staats, in dem der Bundesrat seinen Sitz hat. Dagegen sind die BRB. der Gerichtsbarkeit jedes anderen Bundesstaats, also nicht nur derjenigen ihres Heimatstaats nach den allgemeinen Gesetzen unterworfen. Obgleich das GVG. ein Reichsgesetz ist, also die BRB. ihm eigentlich trotz ihrer Exterritorialität unterworfen wären, gehört die Bestimmung des § 18 doch zu der ersten Klasse, nämlich den aus der Exterritorialität entspringenden Vorrechten, wie sich aus dem Zusammenhang der Stelle im GVG. ergibt. In § 19 GVG. muß dann wohl entsprechend gesetzt werden, statt „Deutsche“: „Angehörige des Staats in dem der Bundesrat seinen Sitz hat“. Insofern muß in einzelnen Hinsichten der oben ausgesprochene Grundsatz, daß die Exterritorialität nur Befreiung von auf Landesgesetzen beruhenden Pflichten bedeute, eingeschränkt werden. Es gehören nicht alle durch Reichsgesetze bestimmten Vorrechte gegenüber reichsgesetzlichen Pflichten zur zweiten Klasse.

Daß für die der preußischen Gerichtsbarkeit entzogenen BRB. dann eben diejenige ihres Heimatstaats zuständig ist, versteht sich von selbst, wird aber in § 15 ZPO. und § 11 StPO. noch einmal ausdrücklich hervorgehoben.

Nach Laband Bd. III S. 461 ist die Zeugenpflicht ebenfalls ein Ausfluß der Gerichtsunterworfenheit. Diese Auffassung erscheint unrichtig. Die Zeugenpflicht ist vielmehr eine staatsbürgerliche Pflicht. Der Zeuge ist nicht der Gerichtsbarkeit unterworfen, das sind nur die Parteien im Zivilprozeß, der Beschuldigte im Strafprozeß und der nach den Rechtssätzen über freiwillige Gerichtsbarkeit dieser Unterworfene. Die BRB. müssen also (a. A. Laband und Vogels S. 49) Zeugnis ablegen, sie sind zur Verweigerung desselben nicht berechtigt. Dies ergibt sich auch aus § 382 ZPO. — Ebenso wie mit der Zeugenpflicht verhält es sich mit der Sachverständigenpflicht.

Wie schon oben gesagt, sind grundsätzlich die BRB. eximiert von allen landesgesetzlichen, sei es die Verwaltung, sei es die Rechtsprechung betreffenden Vorschriften desjenigen Bundesstaats, in dem der Bundesrat seinen Sitz hat. Daraus ergibt sich für sie Freiheit von allen durch (preußisches) Landesgesetz angeordneten Steuern[59]), also von beinahe allen direkten Steuern, sofern sie in dem bezeichneten Staate ihren Wohnsitz haben. Letzteres trifft jedoch bei vielen nichtpreußischen BRB. nicht zu. Den preußischen Bevollmächtigten kommt die Bestimmung aber nicht zugute. Von den indirekten Steuern, auch soweit sie auf Landesgesetz beruhen, ist Befreiung dagegen nicht gewährt. Ferner sind sie nicht befreit von direkten Realsteuern für in Preußen liegenden Grundbesitz, sowie für in Preußen investiertes Gewerbekapital. Da jedoch Grundstücke, auf denen Gesandtschaftsgebäude stehen, von der Grundsteuer befreit sind, so ist auch anzunehmen, daß diese Befreiung auf solche Gebäude Anwendung findet, die ein Bundesstaat seinen BRB. zur Verfügung stellt. Aus der preußischen Staatskasse oder aus preußischen Kommunalkassen fließendes Einkommen, z. B. an Gehalt, muß natürlich in Preußen versteuert werden, ebenso sind die BRB. verpflichtet zur Zahlung von Gebühren, Sporteln und Abgaben, auch wenn sie auf preußischen Gesetzen beruhen, mit gewissen Einschränkungen hinsichtlich der Post- und Telegraphengebühren. Befreit von der Portopflicht sind Dienstsachen in Bundesratsangelegenheiten, sowohl Telegramme als Postsendungen[60]). Ein vom König von Bayern zum bayerischen BRB. ernannter Staatssekretär oder sonstiger Reichsbeamter ist in dem Staat steuerpflichtig, in dem er seinen Wohnsitz hat. Dieser richtet sich nach seinem Hauptamt; also z. B. ein Staatssekretär wohnt als *solcher* in Berlin, nicht als BRB., er wird als solcher unbedenklich zur preußischen Staatssteuer heranzuziehen sein. Erhält aber ein für einen Bundesstaat außer Preußen zum BRB. ernannter, in Preußen wohnhafter, Reichsbeamter eine Zulage aus Bundesstaatsmitteln, so unterliegt diese nicht der preußischen Einkommensteuer.

§ 31. Zur zweiten Klasse von Privilegien, also denjenigen, deren Zweck ist den ungestörten Fortgang der Geschäfte des Bundesrats zu gewährleisten, gehören nachstehende: Vernehmungen von

59) Vgl. *Vogels* S. 52 f.

60) Siehe § 1 der Verordnung betr. die gebührenfreie Beförderung von Telegrammen vom 2. Juni 1877 und § 2 Abs. 2 des Gesetzes betr. die Portofreiheiten im Gebiete des Norddeutschen Bundes vom 5. Juni 1869.

BRB. (als Zeugen usw.) haben während ihres Aufenthalts am Sitze des Bundesrats dort stattzufinden[61]). Soll hiervon abgewichen werden, so muß der jeweilige Landesherr, dessen Bevollmächtigter vernommen werden soll, seine Erlaubnis dazu geben, denn jener hat ein Interesse daran, daß der Wille seiner Regierung im Bundesrat stets zur Geltung kommt. Aus demselben Grunde kann der BRB. die Übernahme des Amts als Schöffe oder Geschworener ablehnen[62]) unter der Voraussetzung allerdings, daß man den Bundesrat als gesetzgebende Versammlung im Sinne des GVG. ansieht, was zweifellos richtig ist. Für die Ablehnung des Schöffenamts setzt § 53 GVG. eine Frist von einer Woche nach Erlangung der Kenntnis der Einberufung. Ebenso kann ein BRB. die Berufung zum Amt eines Beisitzers des Seeamts ablehnen.

Weiter gehört hierher noch ein Privileg, das die ZPO. in §§ 904 f. aufstellt: „Die Haft ist unstatthaft gegen Mitglieder einer deutschen gesetzgebenden Versammlung während der Sitzungsperiode, sofern nicht die Versammlung die Vollstreckung genehmigt." „Die Haft wird unterbrochen gegen Mitglieder einer deutschen gesetzgebenden Versammlung für die Dauer einer Sitzungsperiode, wenn die Versammlung die Freilassung verlangt." Es kann danach gegen BRB. auf zivilprozessuale Haft zur Erzwingung der Leistung des Offenbarungseides zwar erkannt werden, aber sie kann nicht ohne weiteres vollstreckt werden. Ist die Bestimmung der genannten Paragraphen auch zunächst nur für einen bestimmten Fall getroffen, so bezieht sich nach richtiger Ansicht doch das Privileg auf alle Fälle, in denen Haft auf Grund einer Bestimmung der ZPO. zur Anwendung kommen soll. Die Interessen sind in allen Fällen dieselben, das Motiv für die Bestimmung der §§ 904 und 905 ist in allen Fällen gleichermaßen wirksam[63]).

Schließlich sind hier noch zu erwähnen die Bestimmungen der §§ 105 und 106 StGB., welche lauten: „wer es unternimmt eine gesetzgebende Versammlung des Reichs . . . . . auseinander-

---

61) § 382 Abs. 2 ZPO. und § 49 Abs. 2 StPO.

62) GVG. §§ 35 und 85.

63) Übereinstimmend Gaupp-Stein Vorbem. zu VIII. Buch IV. Abschnitt und zu § 904 I und Querfurth S. 20; a. A. Vogels S. 51.

zusprengen, zur Fassung oder Unterlassung von Beschlüssen zu nötigen oder Mitglieder aus ihnen gewaltsam zu entfernen, wird mit Zuchthaus nicht unter 5 Jahren oder mit Festungshaft von gleicher Dauer bestraft." „Wer ein Mitglied der vorbezeichneten Versammlungen durch Gewalt oder durch Bedrohung mit einer strafbaren Handlung verhindert sich an den Ort der Versammlung zu begeben oder zu stimmen, wird mit Zuchthaus bis zu 5 Jahren oder mit Festungshaft bis zu gleicher Dauer bestraft."

Vogels sagt mit Recht S. 54 f.: „Gesetzgebende Versammlung im Sinne dieser Bestimmungen ist auch der Bundesrat, denn nach Art. 5 RV. wird die Reichsgesetzgebung durch Bundesrat und Reichstag ausgeübt"[64]. (Dies gilt auch für alle andern Stellen an denen Reichsgesetze von gesetzgebenden Versammlungen sprechen.) Dagegen kommt § 104 StGB. den BRB. nicht zugute, da sie nicht Gesandte sind. Der Umfang der Anwendbarkeit der §§ 105 f. ist in mancher Hinsicht bestritten, so vor allem, ob sich die Paragraphen auch auf die Ausschüsse des Bundesrats beziehen. Dies ist zu bejahen[65]. Sie sind zu beziehen auf jegliche Art von Tätigkeit — also nicht nur gesetzgeberischer im engeren Sinn — einer gesetzgebenden Versammlung, also auch des Bundesrats und seiner Ausschüsse. Das ergibt ihr Zweck. § 106 findet Anwendung jeweils, wenn ein BRB. sich an den Ort begibt, an dem der Bundesrat seinen Sitz hat, und

64) Ebenso Olshausen und Frank zu § 105, a. A. Binding S. 818 der davon ausgeht, daß der Bundesrat kein Parlament, sondern ein Regierungskörper sei. Dies ist richtig, aber § 105 spricht auch nicht von Parlamenten, sondern von gesetzgebenden Versammlungen und dies ist der Bundesrat. Er kann diese Bezeichnung sogar in ganz besonderem Maße in Anspruch nehmen; ist er es doch, der den Gesetzesbefehl den Reichsgesetzen erteilt, der also recht eigentlich Gesetze gibt und dem Zweck und Sinn der §§ 105 f. entspricht es sicher, den durch sie gewährten Schutz auch dem Bundesrat und seinen Mitgliedern zukommen zu lassen. Auch Laband, Reichsstaatsrecht S. 61 Note 3 meint, der Bundesrat sei keine gesetzgebende Versammlung in dem üblichen Sinne einer Volksvertretung. Aber ein Deutsches Reichsgesetz kann unter gesetzgebender Versammlung recht wohl auch den Bundesrat verstehen, unbekümmert um den sonst üblichen Sinn. Bismarck in der Rede vom 19. April 1871: „Ich weiß nicht, was die Herrn bewegt, den Bundesrat in den gesetzgebenden Faktoren nicht mitzuzählen."

65) So auch Vogels S. 56.

wenn er dort zu einer Sitzung geht oder überhaupt, wenn er den Geschäftsraum aufsucht, auch wenn keine Sitzung stattfindet[66]).

Kommt der Schutz der §§ 105 f. StGB. aber auch dann den Bundesratsbevollmächtigten zugute, wenn sie sich gemäß Art. 9 und 16 RV. in den Reichstag begeben? Auch diese Frage ist — und zwar im Falle des Art. 16 unzweifelhaft — zu bejahen und auch im Fall des Art. 9 sprechen gewichtige Gründe für die Bejahung[67]). Dem BRB. ist durch die genannten Bestimmungen der RV. eben das Recht gegeben, in der Versammlung selbst, d. h. im Reichstag, auf die Beschlußfassung in einer bestimmten Richtung hinzuwirken durch Vertretung eines bestimmten Standpunktes. Der BRB. hat ein Recht darauf, auf die Beschlüsse des Reichstags durch persönliches Auftreten in demselben einzuwirken.

§ 32. Zeitlich finden die oben genannten Vorrechte der BRB., sowohl die aus der Gesandtenähnlichkeit als die aus der Parlamentarierähnlichkeit entspringenden zwei Schranken. Sie gelten nur:

1. während Dauer der „Vollmacht“, d. h. während Dauer des Amts und
2. nur während der Dauer einer Session des Bundesrats.

Infolge der Permanenz desselben ist diese letztere Schranke freilich bedeutungslos geworden.

X. Kapitel.

Stellvertretende Bundesratsbevollmächtigte[68]).

§ 33. In der RV. begegnen wir nirgends stellvertretenden Bevollmächtigten zum Bundesrat, obgleich diese sich hierüber äußern müßte, wenn sie solche stellvertretenden BRB. kennen und wollen

66) So in Bezug auf Abgeordnete Binding II. Band II. Abt. S. 826 und Olshausen zu § 106 Note 2a.

67) Anderer Ansicht Vogels S. 56, während Querfurth offenbar der hier vertretenen Ansicht ist, wenn er S. 21 sagt: „Das Gesetz beabsichtigt offenbar einen Schutz der BRB. zur Ermöglichung ungehinderter Tätigkeit im weitesten Sinne“.

68) Zum Folgenden siehe insbesondere Perels in Kieler Festgaben für Hänel 1907 S. 253 ff. und Vogels a. a. O. S. 19 ff.

würde. Auch sonst gibt es nur eine einzige Gesetzesstelle, die von stellvertretenden BRB. spricht. Die Reichsschuldenordnung vom 19. März 1900 § 12 Abs. 2 sagt: „Die Reichsschuldenkommission besteht aus 6 Bevollmächtigten oder stellvertretenden Bevollmächtigten zum Bundesrat . . . ." Aus dieser Stelle geht hervor, daß der deutsche Gesetzgeber im Jahre 1900 mit dem Vorhandensein solcher stellvertretender BRB. einfach rechnete. Und tatsächlich gibt es auch solche stellvertretende BRB. schon seit dem Jahre 1871. Zur Zeit des Norddeutschen Bundes kannte man sie dagegen noch nicht und so erklärt es sich, daß sie in der RV. nicht erwähnt werden. Die andere Rechtsquelle, die der stellvertretenden Bundesratsbevollmächtigten Erwähnung tut, ist die Geschäftsordnung für den Bundesrat. Der § 1 der rev. Geschäftsordnung vom 26. April 1880 lautet: „Die Mitglieder des Bundes können für die von ihnen zu ernennenden Bevollmächtigten Stellvertreter aufstellen, welche im Falle der Verhinderung von Hauptbevollmächtigten für dieselben als Mitglieder im Bundesrat eintreten." Allein hierbei hat man es nicht mit einem Gesetz zu tun, geschweige denn, daß die Geschäftsordnung contra legem Recht schaffen könnte. Da aber die RV. stellvertretende BRB. trotz des verhältnismäßig breiten Raums, den sie dem Bundesrat zuteilt, nicht kennt, so kann die Geschäftsordnung für den Bundesrat keine genügende Grundlage für deren Vorhandensein bilden. Sonst findet sich anscheinend nirgends in deutschen Reichsgesetzen oder Rechtsquellen ein Hinweis auf stellvertretende BRB. Sie entbehren somit der gesetzlichen Grundlage. Ihr tatsächliches Vorhandensein muß also wohl als politische Notwendigkeit erklärt werden und die rechtliche Grundlage bildet eben das Gewohnheitsrecht[69]). Seit mehr als 40 Jahren gibt es stellvertretende BRB.; es besteht also dauernde gleichförmige Übung und opinio necessitatis wird man — wenn man es überhaupt verlangen will — sicher unterstellen können[70]). Nach Dernburg bilden allgemeine Gewohnheiten Reichsrecht (selbst gegen das geltende Gesetz). Freilich stellt Dernburg diesen Satz zunächst nur für das Privatrecht auf. Es besteht aber kein ersichtlicher

---

69) Anderer Ansicht Perels a. a. O.

70) Dernburg, Bürg. Recht I § 28 S. 80 f.

Grund ihn nicht grundsätzlich auf das öffentliche Recht auszudehnen[71]. Bildung von Gewohnheitsrecht auf irgend einem Gebiet verbieten heißt, wo nicht Stillstand in der Rechtsentwicklung gebieten, so doch langsame stetige Fortentwicklung unmöglich machen. Gesetze können den fortschreitenden Anforderungen des Lebens höchstens sprungweise nachfolgen und nur das Gewohnheitsrecht ist imstande mit ihnen Schritt zu halten. Man kann deshalb ruhig so weit gehen, zu sagen, daß jede Usance, die nicht „gut sozialen Zuständen" und klaren geltenden Gesetzesbestimmungen zuwiderläuft, Gewohnheitsrechtskraft hat. Dies gilt wie für das private, so für das öffentliche Recht.

Es ist also davon auszugehen, daß die Ernennung und Wirksamkeit stellvertretender BRB. gewohnheitsrechtlich begründet, eine in den Verhältnissen liegende politische Notwendigkeit ist. Sie ermöglicht namentlich den Staaten, die wenige Stimmen führen, in jeder einzelnen Frage jeweils einen Fachmann in den Bundesrat zu entsenden. Die Reichsgesetzgebung hat sich durch § 12 Abs. 2 der Reichsschuldenordnung ebenfalls auf diesen Standpunkt gestellt.

§ 34. Zwei Arten von Stellvertretung sind zu unterscheiden. Die erste umfaßt 2 Fälle. Erstens ist denkbar, daß die Einzelstaaten für jeden oder einzelne ihrer Hauptbevollmächtigten einen Stellvertreter ein für allemal ernennen. Zweitens kann die Einzelstaatsregierung eine gewisse Anzahl von stellvertretenden BRB. ernennen. Es können ihrer auch mehr sein, als die Regierung Stimmen im Bundesrat führt. Die Regierung muß aber in diesem Fall bestimmen, in welcher Reihenfolge die Stellvertreter im Bundesrat aufzutreten haben. — Diese letztere ist die zurzeit übliche Form der Ernennung, dagegen geht es nicht an, daß generell für jedes Ressort ein besonderer Stellvertreter aufgestellt wird, solche Ressortstellvertreter sind viel-

71) Allerdings mit der Einschränkung (Fleiner, Institutionen S. 78): „Im Bereiche des öffentlichen Rechts kann das Gesetz durch ein widersprechendes Gewohnheitsrecht nicht abgeändert werden". Vgl. Laband II S. 75 der sich in gleichem Sinne äußert. — Otto Mayer lehnt Bildung von Gewohnheitsrecht ab (I S. 130), dagegen gibt Meyer-Dochow S. 9 die Möglichkeit der Bildung von Gewohnheitsrecht zu, ebenso Meyer-Anschütz, beide in gewissem Umfang. — Bildung von Gewohnheitsrecht praeter legem ist auch auf dem Gebiete des öffentlichen Rechts unbedingt als zulässig anzuerkennen.

mehr für jede einzelne Sitzung zu ernennen, oder für die Dauer der Beratung eines bestimmten Gegenstandes. Es kann nicht Sache des Bundesrats sein, sich ergebende Kompetenzstreitigkeiten, negative und positive sind möglich, unter den einzelnen Ressortstellvertretern eines Staats zu entscheiden[72]. — In den beiden genannten Fällen handelt es sich um von der Regierung ernannte Stellvertreter im Sinne des § 1 der Geschäftsordnung für den Bundesrat. Die andere Art der Stellvertretung liegt vor, wenn die BRB. von sich aus einen Substituten bestellen. Hierzu bedürfen sie jedoch der Ermächtigung ihrer Regierung, sei es einer generellen, sei es nur einer für den Spezialfall erteilten[72]. In diesem Sinne ist § 2 Abs. 2 GeschO. einschränkend zu verstehen. Ob und in welchem Umfang die Einzelregierung ihren BRB. gestatten will sich substituieren zu lassen, ist ihre Sache und kann ihr von der Geschäftsordnung jedenfalls nicht vorgeschrieben werden.

§ 35. Im übrigen ist die rechtliche Stellung der stellvertretenden BRB. dieselbe wie diejenige der Hauptbevollmächtigten, selbstverständlich nur insoweit und insolange sie solche vertreten[73]; dagegen hat kein stellvertretender BRB. Anspruch auf den üblichen diplomatischen Schutz, solange die sämtlichen Hauptbevollmächtigten seines Heimatstaats als solche tätig sind. Die herrschende Praxis ist eine andere, entbehrt aber der rechtlichen Grundlage. Keineswegs kann man sagen, daß durch Gewohnheitsrecht der Bundesrat erstens aus den Vertretern der Mitglieder des Bundes, zweitens aus stellvertretenden BRB. noch dazu, wie es üblich ist, in unbeschränkter Anzahl besteht. Das wäre eine Rechtsbildung contra legem. Eine kleine Besonderheit ergibt sich für die Ausschüsse des Bundesrats. Ist ein BRB. vom Bundesrat in einen Ausschuß gewählt, so kann bei seiner Verhinderung sowohl seine Regierung einen Stellvertreter für ihn ernennen, als auch er kann selbst einen substituieren, jeweils nach den für die Wirksamkeit stellvertretender BRB. im Bundesrat überhaupt geltenden Bestimmungen. Ebenso ist es bei den vom Kaiser ernannten Mitgliedern, denn in allen diesen Fällen gilt die Wahl bezw. Ernennung dem Staat nicht der Person des BRB. Anders verhält es sich, wenn der Bundesrat von vorn-

72) So Seydel, Kommentar S. 134 und Vogels S. 18.

73) Übereinstimmend Querfurth S. 39 f.

herein einen Ersatzmann bestellt, bezw. der Kaiser einen solchen ernennt. Hierbei darf übrigens natürlich nicht in die bestimmten Staaten hinsichtlich der Zusammensetzung der Ausschüsse gewährten Vorrechte eingegriffen werden[74]). Perels ist darin beizustimmen, daß eine generelle Ernennung bezw. Wahl von stellvertretenden BRB. an Stelle von Hauptbevollmächtigten zu Mitgliedern von Reichsbehörden deren Mitglieder nach gesetzlicher Vorschrift (zum Teil) BRB. sein müssen (z. B. des Disziplinarhofs) der rechtlichen Grundlage entbehrt und unzulässig ist. Will man diesen Zustand legalisieren, so bedarf es hierzu, wie Perels richtig bemerkt, eines Reichsgesetzes. Denn hier handelt es sich gar nicht mehr um Stellvertretung, wenn von vornherein stellvertretende BRB. ernannt werden. Diese vertreten dann ja überhaupt keinen Hauptbevollmächtigten. Die Tätigkeit stellvertretender BRB. hat sich vielmehr zu beschränken auf die Vertretung von stimmführenden BRB. im Bundesrat selbst und höchstens kann man noch so weit gehen, die Vertretung auch bei Behördenmitgliedschaften zuzulassen. Dies setzt aber voraus, einmal die Ernennung eines Hauptbevollmächtigten und sodann dessen Behinderung. Selbstverständlich ist es auch zulässig, daß der Bundesrat stellvertretende BRB. zu Mitgliedern von Behörden ernennt, wenn ihm freigestellt ist, ob er Mitglieder des Bundesrats oder andere Personen ernennen will.

Während der Anwesenheit der Hauptbevollmächtigten ist den stellvertretenden BRB. durch § 4 der Geschäftsordnung für den Bundesrat die Teilnahme an den Sitzungen des Bundesrats als Zuhörer gestattet, offenbar damit sie stets auf dem Laufenden sind und jederzeit die Geschäfte eines behinderten Hauptbevollmächtigten übernehmen können. Während dieser Zeit genießen sie jedoch nicht die Vorrechte der BRB.

---

74) Anderer Ansicht v. Jagemann S. 86; vgl. Vogels S. 16.

III. Die Rechtsstellung der Bundesratsbevollmächtigten gegenüber ihren Bundesstaaten.

XI. Kapitel.

Einleitung.

§ 36. Die Untersuchung über die rechtliche Stellung der BRB. muß bei dem Charakter des Bundesrats und des Deutschen Reichs als eines Bundesstaats notwendig in zwei Hauptteile zerfallen: den bisher besprochenen über das Verhältnis der BRB. zum Reich und ihre Stellung nach Reichsrecht und dem nunmehr zur Besprechung gelangenden Teil über das Verhältnis der BRB. zu den sie entsendenden einzelstaatlichen Regierungen und ihre Rechtsstellung nach den Landesrechten. Es soll hier jedoch nicht auf jede einzelne landesrechtliche Bestimmung eingegangen oder auch nur hingewiesen werden, sondern es sollen nur die gemeinsamen Grundzüge der deutschen Landesrechte im Hinblick auf die BRB. besprochen werden, mitunter freilich werden sich solche gemeinsamen Grundzüge nicht finden lassen, oder es wird nötig werden auf Einzelbestimmungen hinzuweisen, die als Belege für das Gesamturteil dienen können.

§ 37. Schon im Anfang der ganzen Untersuchung wurde dargelegt, daß es falsch ist den BRB. dem Reich gegenüber als bevollmächtigten Vertreter aufzufassen, gegenüber seiner Regierung aber in ihm einen Beauftragten zu sehen. Er ist vielmehr der letzteren Bote und das Reich betrachtet ihn als solchen. Aus solchen Boten, die der Art. 6 RV. Vertreter nennt, und die wir deshalb im Laufe der Untersuchung auch häufig so nennen, besteht der Bundesrat. Die die Vertreter entsenden, sind die Mitglieder des Bundes. Als solche sehen wir, wie schon oben gesagt, die deutschen Einzelstaaten an, diese aber vertreten durch ihre Regierungen, an deren Spitze die Monarchen bezw. Senate stehen.

XII. Kapitel.

Die Ernennung.

§ 38. Die höchsten Organe der Staaten bestimmen, wer BRB. sein soll. Sie ernennen dieselben. Da sie dies aber tun in ihrer Eigenschaft als Staatsorgane, nicht als Privatpersonen, da sie Staatswillen, nicht privaten Willen im Bundesrat zum Ausdruck bringen sollen, so ist die Ernennung ein Ausfluß der ihnen zustehenden Regierungsgewalt. Daraus aber ergibt sich, daß es sich um einen Regierungsakt handelt. Solche Regierungsakte nun bedürfen im konstitutionellen Staat der Gegenzeichnung durch einen verantwortlichen Minister. Eine solche ist also auch nötig für die Ernennung der BRB. Dies ist schlechthin als deutsches Staatsrecht anzusehen. Eine Ausnahme gilt nur für die beiden Mecklenburg, die einer Verfassung entbehren.

§ 39. Es ist schon die Frage aufgeworfen worden, ob nicht den Volksvertretungen ein Mitwirkungsrecht bei der Ernennung der BRB. einzuräumen sei. Nach geltendem deutschem Staatsrecht wäre dies jedoch nur der Fall auf Grund ausdrücklicher gesetzlicher Bestimmung[75]). Der Monarch vereinigt in sich alle Rechte der Staatsgewalt, die ihm nicht ausdrücklich entzogen oder beschränkt sind. An die Zustimmung der Volksvertretung ist er gebunden bei der Gesetzgebung und in weitem Umfang bei der Finanzverwaltung. In der Verwaltung aber — und hierzu gehört als Regierungsakt auch die Ernennung der BRB. — ist der Monarch nur durch Gesetze beschränkt und durch das Erfordernis ministerieller Gegenzeichnung. Der Volksvertretung aber steht hier ein allgemeines Mitwirkungsrecht nicht zu. In ihre Kompetenz fallen nur die Gebiete staatlicher Tätigkeit, die ihr ausdrücklich zugewiesen sind. Danach ist es wohl möglich und zulässig durch Gesetz zu bestimmen, daß der Volksvertretung bei der Ernennung der BRB. ein Mitwirkungsrecht zustehe, aber ohne ein solches Gesetz besteht auch kein Mitwirkungsrecht. Dagegen ist ministerielle Gegenzeichnung erforderlich, durch sie übernimmt der betreffende Minister die politische und je nach geltendem Landesstaatsrecht auch rechtliche Verantwortlichkeit für die Ernennung[76]). Wie dem Monarchen infolge seiner staatsrechtlichen Stellung ohne weiteres das Recht zur Ernennung der BRB. zusteht, so auch den Senaten in den Hanse-

75) Anderer Ansicht von Held S. 103 f.

76) Vgl. Preuß. Verfassung Art. 44 f. und Württemb. Verfassung §§ 51, 195 ff.

städten[77]). Diese haben in den drei Stadtstaaten die Exekutive, die Kompetenzpräsumtion, nur mit dem Unterschied, daß sie in Ausübung der Regierungsgewalt als Vertreter des Volks, nicht des Staats, handeln.

Nur in einem einzigen Staat steht dem Monarchen die Ernennung des BRB. nicht zu: Das Fürstentum Waldeck wird fast ausschließlich von Preußen verwaltet. Allerdings hat sich der Fürst von Waldeck die Vertretung seines Staats nach außen vorbehalten, läßt dieses Recht jedoch durch einen von der preußischen Regierung ernannten Landesdirektor ausüben. Es steht diesem also auch das Recht zu, den Waldeck'schen BRB. zu ernennen[78]). —

Der Volksvertretung ist nirgends ein Mitwirkungsrecht bei der Ernennung der BRB. eingeräumt, dagegen unterscheidet sich diese Ernennung von anderen dadurch, daß das Gesamtministerium auf sie Einfluß hat. Dies ist ein tatsächlicher Zustand. Rechtlich begründet ist er offenbar nur in Württemberg, wo das Verfassungsgesetz vom 1. Juli 1876 betreffend Bildung eines Staatsministeriums in Art. 6 Abs. 2 bestimmt: „Außerdem gehören in den Geschäftskreis des Staatsministeriums als beratender Behörde . . . . . . alle Angelegenheiten, welche die Beziehungen zum Deutschen Reiche betreffen . . . . . ." Das Staatsministerium ist in Württemberg die Gesamtheit der sechs Departementschefs. Diese Bestimmung ist innerlich wohl begründet, denn da die BRB. im Bundesrat zu Fragen aller Ressorts Stellung nehmen müssen und nicht wie in der Regel sonstige staatliche Angestellte nur in einem Ressort tätig sind, so ist es wünschenswert, daß alle Ressortchefs mit der Ernennung der BRB. einverstanden sind. Naturgemäß besteht der Letzteren Tätigkeit auch in Ausarbeitung von Vota, die die Grundlage für ihre von den Regierungen zu erteilenden Instruktionen bilden.

---

77) Lübische Verfassung Art. 18: Dem Senat ist die Leitung sämtlicher Staatsangelegenheiten übertragen. — Bremische Verfassung §§ 56 f.: Der Senat hat die vollziehende Gewalt. — Hamburgische Verfassung Art. 6 Abs. 2 und Art. 22: Der Senat hat die vollziehende Gewalt. — Vgl. Meyer-Anschütz § 119 und Vogels S. 68.

78) Wie daneben ein Recht des Fürsten, ebenfalls einen BRB. zu ernennen Platz finden soll, ist unerfindlich (a. A. Vogels S. 67 und Böttcher S. 154).

III. Kapitel.

Sind die Bundesratsbevollmächtigten Beamte?

§ 40. Es ist hier nicht der Ort auf den Begriff des Beamten im einzelnen einzugehen. Eine allgemein oder auch nur überwiegend als richtig anerkannte und angenommene Definition dessen, was ein Beamter ist, gibt es nicht. Nicht als ob nicht unzählige Versuche gemacht worden wären, das Wesen des Beamten a priori zu erfassen und auf den Begriff zu bringen, aber keiner solchen Definition ist es gelungen für sich eine communis opinio zu gewinnen. Im Anschluß an Otto Mayer[79]) dürfte folgende Definition anzuerkennen sein: „Amt ist ein abgegrenzter Kreis staatlicher Geschäfte, der mit öffentlichrechtlicher Dienstpflicht besorgt werden soll. Berufsbeamter ist, wer diese Dienstpflicht berufsmäßig und freiwillig übernimmt; ist es eine nicht den Hauptberuf bildende, die Arbeitskraft jedenfalls nicht ausfüllende Tätigkeit, so ist das Amt ein Ehrenamt, der Beamte ein Ehrenbeamter." Kann man so gewissermaßen de lege ferenda einen Begriff des Beamten finden, so ist de lege lata ein solcher nach deutschem Staatsrecht nicht vorhanden. Von einem gemeinsamen Begriff in dem Einzelstaatsrecht ist schon gar keine Rede. Wohl haben einzelne Staaten in den Gesetzen, die die Anstellungsverhältnisse eines überwiegenden Teils der ihnen zur Leistung öffentlicher Dienste Verpflichteten regeln, Definitionen gegeben zur Erklärung darüber, welche Kategorien unter das betreffende Gesetz fallen sollen oder wie das Württemb. Gesetz von 1876 sagt „die Beamte im Sinne dieses Gesetzes sein sollen." Gerade diese Ausdrucksweise zeigt jedoch, daß es auch noch andere Beamte geben kann[80]). Nach dem allgemeinen Beamtenbegriff sind somit die BRB. ausnahmslos Beamte[81]), sei es im Haupt-, sei es im Nebenamt; dies ist völlig gleichgültig. Sämtliche Erfordernisse der obigen Definition sind erfüllt. Das Einzige, was mitunter zweifelhaft sein kann, ist die Freiwilligkeit der Übernahme. Es ist nämlich wohl möglich, daß nach Landesrecht z. B. die Staatsminister verpflichtet sind, sich nebenamtlich zu BRB. ernennen zu lassen,

---

79) Band II S. 198.
80) Vogels S. 59 Anm. 1.
81) Vogels S. 59 ff.

dann liegt eben in der freiwilligen Übernahme des Amts als Staatsminister die freiwillige Übernahme aller Nebenämter, die mit diesem Hauptamt verbunden werden können, ohne daß der Übertragung widersprochen werden kann. Wenn also ein BRB. von zwei oder mehr Staaten zugleich bevollmächtigt ist, so ist er auch Beamter all dieser Staaten. Wird ein Reichsbeamter im Nebenamt zum BRB. eines Gliedstaats ernannt, so ist er damit hauptamtlich Reichsbeamter, nebenamtlich Bundesstaatsbeamter[82]). Der Regierung des Einzelstaats bezw. den ihm ernennenden Monarchen oder Senat gegenüber beginnt das Amt als BRB. mit dem Augenblick der Ernennung. Die Dauer kann in verschiedener Weise bestimmt sein: Entweder das Amt wird übertragen für die Dauer der Bekleidung des Hauptamts, wenn das Amt des BRB. nebenamtlich versehen wird, oder für bestimmte oder für unbestimmte Zeit; auch Übertragung für die Dauer der Beratung einer bestimmten Materie ist möglich[83]). Im übrigen richtet sich die Beendigung (freiwillige oder zwangsweise) nach den jeweiligen für die Beamten geltenden landesrechtlichen Vorschriften. Die hier entwickelten Grundsätze gelten wie für die Hauptbevollmächtigten, so auch für die stellvertretenden Bevollmächtigten zum Bundesrat. Namentlich wird hier häufig der Fall von vornherein zeitlich beschränkter Stellvertretung eintreten. Dagegen werden natürlich diejenigen Stellvertreter nicht Beamte, die sich ein BRB. persönlich für die Dauer einer Sitzung substituiert.

Im nachstehenden soll mitgeteilt werden, inwieweit nach den Staatsrechten der 6 größten Bundesstaaten die BRB. zu den Beamten zu zählen sind. Hier stehen sich gegenüber:

---

82) Nach Sachsen-Altenburgischem Gesetz, den Zivilstaatsdienst betr., vom 26. Februar 1886 § 2 Ziff. 8 fallen nicht unter dieses Gesetz „diejenigen Beamten, welche von der Staatsregierung in Gemeinschaft mit anderen Regierungen angestellt oder besoldet werden".

83) Vgl. folgenden von Perels S. 258 Anm. 4 mitgeteilten Fall; im Jahre 1901 wurde behufs Teilnahme an den Verhandlungen im Reichstag über den Entwurf eines neuen Zolltarifs der Württemb. Staatsminister des Innern Dr. v. Pischek zum BRB. ernannt. Für die Zeit dieser Verhandlungen schied der Württemb. Staatsminister d. Ausw. Angelegenh. Freiherr v. Soden aus dem Bundesrat aus.

a) Preußen, Württemberg, Baden und Hessen[84]).

Preußen hat ein besonderes Beamtengesetz überhaupt nicht. In den preußischen Gesetzen, insbesondere im preußischen allgemeinen Landrecht findet sich eine ausdrückliche Ausführung darüber, was man unter einem Beamten im Sinne der preußischen Gesetzgebung zu verstehen habe, nicht.

In Hessen gibt es allerdings ein Edikt über die öffentlichen Verhältnisse der Zivilstaatsbeamten vom 12. April 1820. Dasselbe definiert jedoch den Begriff des Beamten nicht.

Württemberg hat ein Gesetz vom 28. Juni 1876 mit Änderungen vom 1. August 1907 laut dessen Art. 1 ein Beamter im Sinne dieses Gesetzes ist: „Jede Person, welche in dem Staats- oder öffentlichen Schuldienste oder durch eine höhere Staats- oder Schulbehörde angestellt, d. h. auf eine bestimmte Stelle ernannt, oder auf solcher bestätigt worden ist . . . ."

Baden endlich nennt in seinem Beamtengesetz vom 24. Juli 1888 bezw. 12. August 1908 einen Beamten denjenigen, der „sich auf Grund einer Entschließung des Landesherrn . . . . in einem Dienstverhältnis zum Staat befindet".

Es kennen also die beiden letztgenannten Staaten allerdings eine gesetzliche Definition des Beamtenbegriffs, allein es läßt sich aus derselben dank ihrer allgemeinen Ausdrucksweise ein klarer Begriff nicht entnehmen. Gerade die umstrittenen Voraussetzungen für das Gegebensein der Beamteneigenschaft werden nicht erwähnt. Dazu kommt, daß das Württemb. Gesetz auch noch andere Beamte kennt, als die unter das Gesetz fallenden.

Man wird daher bezüglich der vier genannten Staaten sich an die oben für richtig erklärte Definition zu halten haben. Weitere Erfordernisse darf man, das scheint eben aus der allgemein gehaltenen Ausdrucksweise des Württembergischen und des Badischen Gesetzes hervorzugehen, nicht aufstellen.

Für Preußen und Hessen endlich ist man überhaupt auf die allgemeine Definition angewiesen[85]).

---

84) Vogels S. 62.

85) Ebenso ist man übrigens in allen den Fällen auf die allgemeine Definition angewiesen, in denen Reichsgesetze von Beamten sprechen (vgl. § 839 BGB.).

Danach sind die preußischen, württembergischen, hessischen und badischen BRB. unzweifelhaft Beamte dieser Staaten. Die württembergischen und badischen BRB. fallen überdies unter die Beamtengesetze ihrer Staaten.

b) Die Königl. Sächsischen BRB. sind als solche nur dann Beamte, wenn sie erstens hauptamtlich als BRB. angestellt sind, zweitens als solche ein bestimmtes Einkommen aus der Staatskasse empfangen und drittens nicht für bestimmte, sondern für unbestimmte Zeit ernannt sind. Bei den sächsischen BRB. ist demnach von Fall zu Fall zu entscheiden[86]).

c) Keine Beamten endlich sind die bayerischen BRB. als solche, da sie nicht in der Gehaltsordnung aufgeführt sind. Andere als in der Gehaltsordnung aufgeführte Personen sind nach dem Staatsrecht des Königreichs Bayern nur dann Beamte, wenn sie durch Anordnung der Staatsregierung zu Beamten erklärt sind. Dies ist hinsichtlich der BRB. bisher offenbar nicht geschehen[87]).

§ 41. Aus der Beamteneigenschaft ergibt sich für den BRB. eine bestimmte Stellung mit Rechten und Pflichten (s. u.). Die erste Folge ist die Einreihung in die staatliche Beamtenhierarchie. Als Beamter hat der BRB. Vorgesetzte. Diese zu bestimmen ist ganz und gar dem Landesrecht überlassen, das Reichsrecht schreibt nichts vor.

Sind die BRB. nach Landesrecht Beamte, so sind sie dem sie ernennenden Monarchen oder Senat zu besonderer Treue auf Grund Diensteids verpflichtet. Fraglich kann sein, ob ein Staatsminister oder die Gesamtheit derselben und ferner ob die Volksvertretung d. h. das Parlament als Körperschaft nicht auch dem BRB. übergeordnet sind. Der Inhalt jeglicher Überordnung ist, daß der Übergeordnete (Vorgesetzte) eine Dienstaufsichtsgewalt hat, das Recht und die Pflicht hat, in Beziehung auf den Dienst Weisungen zu erteilen, Gebote und Verbote zu erlassen. Die wichtigsten der an die BRB. zu richtenden Weisungen sind natürlich die ihnen zu

---

86) Vgl. Sächsisches Gesetz, die Verhältnisse der Zivilstaatsdiener betr., vom 7. März 1835 §§ 1 f.

87) Vgl. Beamtengesetz vom 15. August 1908 und Ministerial-Bekanntmachung vom 8. Juni 1909 (Vogels S. 63).

erteilenden Instruktionen. Derjenige, welcher den BRB. die Instruktion erteilt und damit ihre gesamte dienstliche Tätigkeit in wirksamster Weise und in Bezug auf die Hauptsache leitet, der ist ihnen als ihr Vorgesetzter übergeordnet.

XIV. Kapitel.

Die Instruktion.

§ 42. Die Instruktion des BRB. ist die Richtlinie, sei sie eng oder weit gesteckt, für seine Tätigkeit. Er erhält sie von der heimischen Regierung, deren Willen in der Instruktion, dem Auftrag zum Ausdruck kommt. Bismarck definierte das Wesen der Instruktion treffend, indem er in der Reichstagsrede vom 19. April 1871 sagte[88]: „Die Instruktion ist ein Votum, was sorgfältig destilliert ist aus all' den Kräften, die zum öffentlichen Leben in Sachsen mitwirken: in dem Votum ist die Diagonale aller der Kräfte enthalten, die in Sachsen tätig sind, um das Staatswesen zu bilden: es ist das Votum der sächsischen Krone, modifiziert durch die Einflüsse der sächsischen Landesvertretung."

§ 43. Wie für die Ernennung kommt auch für die Instruktion wieder die Frage auf, wer bei ihr mitwirken soll und auf Grund derselben Erwägungen, die oben dazu führten, den Monarchen als für die Ernennung allein zuständige Stelle anzusehen, kommt man hier zu dem Resultat, daß er als oberstes Staatsorgan den Inhalt der Instruktion zu bestimmen und sie zu erteilen hat, und daß ebenso die ministerielle Gegenzeichnung erforderlich ist. Ein Mitwirkungsrecht der Volksvertretung ist dagegen grundsätzlich vom Gesetz nicht vorgeschrieben. Ob ein solches Recht nicht dennoch eingreift, kann allerdings fraglich sein in den Fällen, in denen die Instruktion Angelegenheiten betrifft, hinsichtlich deren der Monarch an die Zustimmung der Volksvertretung gebunden ist, wenn durch die zu erteilenden Instruktionen unter Umständen das Reich eine Ein-

88) Im Anschluß an die Worte: „da stimmt nicht der Freih. v. Friesen, sondern das Königreich Sachsen ab" (s. H. Meier S. 22). Die weiteren Erörterungen die Meier an diese Stelle, insbesondere über die Unanfechtbarkeit der Abstimmung anknüpft, sind wie oben ausgeführt, unzutreffend (s. Stenogr. Berichte S. 298; vgl. Zorn I S. 149, Poschinger II S. 111).

wirkung auf eine solche landesrechtlich nur mit Zustimmung der Volksvertretung zu regelnde Materie erhält. Wenn z. B. ein Staat im Bundesrat den Antrag stellen würde, daß in allen Bundesstaaten Volksvertretungen auf Grund des allgemeinen, gleichen, geheimen und direkten Wahlrechts einzurichten seien, so würde die Annahme dieses Antrags unter Umständen tief in ein Gebiet einschneiden, auf dem in den Einzelstaaten der Volksvertretung das weitestgehende Mitwirkungsrecht zusteht, aber dennoch hat auch in diesen Fragen die Volksvertretung kein Mitwirkungsrecht bei der Instruktionserteilung. Die Stände haben ein solches Recht bei einer konkret geplanten Änderung der Verfassung durch Landesgesetz, um beim obigen Beispiel zu bleiben. Eine solche kann von der Regierung nicht ohne Wissen und Willen der Mehrheit des Parlaments angeordnet und durchgeführt werden, aber die Vertretung der Staaten nach außen steht dem Monarchen kraft Kompetenzpräsumtion oder kraft ausdrücklicher gesetzlicher Ermächtigung zu, und hierzu gehört auch die Vertretung der Einzelstaaten dem Reich gegenüber und bei dieser bedient sich der Monarch der BRB. zur Übermittlung seines Willens. Wenn das Reich in die Verfassung der Einzelstaaten eingreift und Anordnungen trifft, die Verfassungsänderungen in den Einzelstaaten zur Folge haben müssen, so ist dies etwas ganz anderes, als wenn die einzelstaatliche Regierung von sich aus solche Verfassungsänderungen vornehmen will.

Hierher gehört auch die Frage, ob ein Regent in Staaten, in denen Verfassungsänderungen während der Regentschaft nicht vorgenommen werden dürfen[89]) oder nur für die Dauer der Regentschaft Gültigkeit haben, eine Instruktion erteilen darf, durch die auf ein die Landesverfassung berührendes Reichsgesetz hingearbeitet wird. Die Frage ist zu bejahen. Der Regent hat nach außen den Staat in derselben Weise zu vertreten wie ein Monarch, die ihm auferlegten Beschränkungen können sich nur auf interne Angelegenheiten beziehen, auch ist ein von einem Regenten regierter Bundesstaat, in dem die oben genannte Bestimmung gilt, verpflichtet, jede Verfassungsänderung auch während der Dauer der Regentschaft gültig vorzunehmen, sofern sie ihm durch Reichsgesetz auferlegt

89) Z. B. in Württemberg.

bezw. durch ein solches notwendig geworden ist. Im übrigen übernimmt der Minister durch seine Gegenzeichnung die Verantwortlichkeit für den Inhalt der Instruktion. Dies ist allerdings insofern ziemlich wertlos, als die Bundesratsverhandlungen und insbesondere die Abstimmungen nicht öffentlich sind (denn es sind Regierungs- nicht Parlamentsberatungen) und der Minister von den Volksvertretung rechtlich nicht gezwungen werden kann mitzuteilen, welche Stellung die Einzelregierung zu einer bestimmten Frage im Bundesrat eingenommen hat.

§ 44. Ist somit die Volksvertretung den BRB. nicht übergeordnet, was daraus folgt, daß sie ihnen keine Weisungen zu erteilen hat, auch kein Mitwirkungsrecht an deren Erteilung ihr zusteht, so ist doch jedenfalls diejenige Behörde übergeordnet und vorgesetzt, die bei der Ernennung mitzuwirken hat (also um beim obigen Beispiel zu bleiben in Württemberg das Staatsministerium). Direkter Vorgesetzter der Bundesratsbevollmächtigten ist jeder Minister, der die Instruktion gegenzuzeichnen hat bezw. diese in Vollmachtsnamen des Monarchen erteilt, eventuell also mehrere.

Daß es zulässig ist, landesrechtlich die Notwendigkeit der Zustimmung der Volksvertretung zu bestimmen oder sämtlichen dem BRB. zu erteilenden Instruktionen vorzuschreiben, steht außer Zweifel. Das Reich aber hat von sich aus hierüber keinerlei Vorschriften getroffen, auch hat bis jetzt noch kein Staat von dieser Möglichkeit Gebrauch gemacht. In Bayern wurde allerdings schon im Jahre 1871 ein dahingehender Antrag in der Kammer eingebracht; dabei ist es aber geblieben[90]). Gewisse Rechte stehen auch

90) von Sutner S. 218 f.: „Handelt es sich bei der Tätigkeit der BRB. um Angelegenheiten die nach Reichsgesetz zur Zuständigkeit des Reichs gehören, so ist eine Mitwirkung des Landtags bei Erteilung der Dienstesanweisung an die BRB. nicht veranlaßt. Steht aber die Ausdehnung der Reichszuständigkeit auf neue Angelegenheiten und die Aufgabe von Rechten die bisher dem bayerischen Staate zugestanden haben, in Frage, so erscheint die Mitwirkung des Landtags in allen Fällen notwendig, in denen ihr nach bayerischem Verfassungsrecht ein Mitwirkungsrecht auf solche Angelegenheiten eingeräumt ist". — Diese Ansicht, die wohl nicht nur für Bayern, sondern auch für die übrigen Einzelstaaten, in denen der Fall gleich gelagert ist, Geltung beansprucht, halte ich für irrig, soweit es sich nicht um Rechte im Sinne des Art. 78 RV. handelt (s. u.).

den Volksvertretungen von Oldenburg und Sachsen-Weimar-Eisenach zu, wie unten bei Betrachtung der einzelnen landesrechtlichen Bestimmungen auszuführen sein wird.

Dagegen haben zwei deutsche Staaten und zwar gerade zwei der demokratisch regierten, ausdrücklich in ihre Verfassungen Bestimmungen aufgenommen, durch die die Volksvertretungen hinsichtlich der Erteilung der Instruktion an die BRB. ausgeschaltet werden; Hamburg und Bremen haben die Instruktion ihren Senaten vorbehalten, indem die Hamburgische Verfassung in Art. 22 die gesamte Vertretung des Staats gegenüber dem Reiche und die Bremische Verfassung in Art. 57 die Instruktion aller bremischen Abgesandten, also auch der Bremischen BRB. dem Senat überträgt. — Die Lübische Verfassung zählt in Art. 50 f. und Art. 69 diejenigen Gebiete der Staatsverwaltung auf, auf denen der Bürgerausschuß zur Mitwirkung berufen ist. Die Vertretung des Staats nach außen ist hierin nicht aufgenommen, nur gewisse Staatsverträge darf der Senat nicht allein abschließen. Die Instruktion der BRB. steht demnach dem Senat allein zu, analog den oben für monarchische Staaten entwickelten Grundsätzen.

§ 45. Sind wir so zu dem Resultat gekommen, daß nach geltendem deutschen Staatsrecht im allgemeinen der Volksvertretung keine Mitwirkung bei der Erteilung der Instruktionen an die BRB. zuerkannt ist[91]) — und dies ist auch die durchaus herrschende Meinung —, so ist doch von manchen bestritten, ob nicht etwa in einzelnen Punkten der Volksvertretung ein Mitwirkungsrecht bei der Instruktionserteilung einzuräumen ist und zwar dann, wenn es sich um Abänderungen oder um die Aufhebung von Rechten handelt, wie sie in Art. 78 Abs. 2 RV. gemeint sind: „Diejenigen Vorschriften der Reichsverfassung, durch welche bestimmte Rechte einzelner Bundesstaaten in deren Verhältnis zur Gesamtheit festgestellt sind, können nur mit Zustimmung des berechtigten Bundesstaats abgeändert werden." Es gehören hierzu insbesondere die sogen. Reservatrechte. Hier hat wohl Zorn[92]) das Richtige getroffen, wenn er sagt, man müsse in diesen Dingen unterscheiden,

---

91) Über einzelne Ausnahmen siehe unten.

92) Band I S. 133 f.

ob es sich um Rechte handelt, die nach Landesrecht durch Verordnung oder nur durch Gesetz abgeändert oder aufgehoben werden können. Im ersten Fall steht nichts im Weg, daß die Regierung und der Monarch unter Gegenzeichnung eines verantwortlichen Ministers die Instruktion allein erteilt, denn es handelt sich hier um Rechte, bezüglich deren er von sich aus ohne Zustimmung der Volksvertretung Änderungen dekretieren, verordnen kann. Also kann die Regierung diesen Wunsch nach Änderung auch dem Reich gegenüber erklären lassen, ohne die Volksvertretung zu befragen. Dagegen wenn die Abänderung nach Landesrecht nur durch Gesetz möglich ist, bedarf es der Mitwirkung der Volksvertretung, denn es handelt sich hier um solche Rechte, die der ausschließlichen Kompetenz der Einzelstaaten vorbehalten sind, deren Abänderung der Kompetenz des Reichs entzogen ist, und die infolgedessen auch nur in der vom Landesgesetz vorgeschriebenen Weise abgeändert werden können[93]).

§ 46. Schon oben wurde als Grundsatz aufgestellt, daß der Monarch die Instruktion zu erteilen, der Minister sie gegenzuzeichnen hat. Dieser Satz muß sich eine Einschränkung gefallen lassen insofern, als der Monarch zwar berechtigt ist die gesamten Instruktionen zu erteilen, tatsächlich aber nur hinsichtlich der allgemeinen Richtlinien instruiert, nach denen die BRB. abzustimmen haben, aber im einzelnen und in Angelegenheiten von geringerer Bedeutung auch anderen Organen der Regierung, nachgeordneten Behörden, vor allem dem Ministerium die Erteilung der Instruktion überlassen wird. Nun gehört der Verkehr eines Einzelstaats mit dem Reich an und für sich zweifellos ins Ressort der auswärtigen Angelegenheiten des Staats. Daraus ergibt sich, daß die Instruktionserteilung von dem Ministerium der auswärtigen Angelegenheiten auszugehen hat, dies auch wenn es sich um in andere Ressorts einschlagende Fragen handelt. In diesen Fällen werden die betreffenden anderen Ministerien stets zur Äußerung aufgefordert und demgemäß die

---

93) Weiter gehen Meyer-Anschütz S. 598 und v. Mohl S. 64 f., die die Unterscheidung Zorns nicht zulassend, bei allen auf Abänderung der in Art. 78 Abs. 2 genannten Rechte gerichteten Vorschlägen und Anträgen eine Mitwirkung der Volksvertretung fordern, wogegen die wohl herrschende Meinung eine solche Mitwirkung überhaupt nicht zulassen will (so Laband, Seydel, Querfurth, Vogels u. a.).

BRB. instruiert werden, aber formell werden sie vom Ministerium der auswärtigen Angelegenheiten instruiert und nicht von dem Minister, in dessen Ressort die Frage, über die sie Instruktion empfangen, gehört.

§ 47. Nachdem wir so die den meisten deutschen Einzelstaatsrechten gemeinsamen Grundsätze für die Instruktionserteilung und die hierbei mitwirkenden Faktoren aufgeführt haben, erübrigt sich noch einen Blick auf die Regelung zu werfen, die in dieser Hinsicht in den größeren der Einzelstaaten (Königreichen und Großherzogtümern) getroffen ist.

1. Preußen. Hier gilt der oben erwähnte allgemeine Grundsatz, daß die Instruktion, sofern sie nicht vom Monarchen erteilt wird, vom Ministerium der auswärtigen Angelegenheiten ausgeht. Da nun der Reichskanzler notwendig preußischer BRB. und tatsächlich preußischer Staatsminister der auswärtigen Angelegenheiten ist, so wird hier für eine besondere Instruktion kein Raum sein. Es ist nun in Preußen üblich — und diese Übung beruht auf Kabinettsordres aus den Jahren 1814 und 1817[94]) —, daß Gesetzesentwürfe vom Gesamtministerium durchberaten werden. Diese für die preußischen Landesgesetze getroffene Vorschrift wird auch hinsichtlich der vorgeschlagenen Reichsgesetze beibehalten. Der Zweck dieser Beratung ist ja leicht einzusehen: Besonders wichtige Gegenstände, wie sie Gesetze in der Regel darstellen, sollen von den zur Staatsleitung berufenen Männern besonders eingehend beraten werden. Es soll jeder Staatsminister von Amts wegen von den Absichten der Regierung in Kenntnis gesetzt werden und ihm die Möglichkeit gegeben sein, sich dazu zu äußern. Keineswegs ist nötig, daß unter den Ministern Einstimmigkeit besteht, es genügt vielmehr, wenn der jeweilige Departementschef mit dem Gesetzesvorschlag einverstanden ist. Ob diese Beratung stattfindet, ist jedenfalls für die Gültigkeit der Instruktion über Reichsgesetze gleichgültig. Es dürfte darum auch wohl die Ansicht Thudichums S. 115, dem sich andere anschließen, unrichtig sein, daß jeder Reichsgesetzentwurf dem preußischen Staatsministerium vorgelegt werden müßte. Dem Reich gegenüber kommt die Beratung der Reichsgesetzentwürfe durch das preußische Staatsministerium nicht in Betracht. Jene

94) Vogels S. 83, 95.

Bestimmung ist nur für die preußischen Gesetze getroffen und zwar zu einer Zeit, als es noch keine Volksvertretung gab, also eine Stelle für eine derartige eingehende Prüfung der Gesetze, wie sie jetzt im Parlament stattfindet, nicht vorhanden war und wenn die Kabinettsordres jetzt noch in Preußen befolgt werden, so geschieht dies wohl auch darum, daß nicht ein Staatsminister gegenüber der Volksvertretung ein Gesetz vertritt, das von seinen Ministerkollegen vielleicht sogar in ihrer Mehrheit nicht gutgeheißen wird. Die Beratung über Reichsgesetzentwürfe durch das preußische Staatsministerium fällt aber gewiß nicht unter diese Bestimmungen der Kabinettsordres. Das preußische Staatsministerium hat keinerlei besondere Rechtsstellung dem Reich gegenüber, durch die es sich von den Ministerien der anderen Bundesstaaten unterscheiden würde.

2. Bayern. Auch hier gilt[95]) die allgemeine Regel, daß der Minister des Königl. Hauses und der auswärtigen Angelegenheiten Bayern im Verhältnis zum Reich vertritt[96]), also die BRB. instruiert. Soll aber über Gegenstände der „Vollziehung" instruiert werden, die mehrere Ressorts betreffen, so kann der König eine Beratung des Gesamtministeriums genehmigen, bezw. jederzeit eine solche anordnen. Die Instruktion erteilt aber auch in diesem Fall formell nicht das Gesamtministerium, sondern der Minister der auswärtigen Angelegenheiten. Dieser verhängt auch Ordnungsstrafen über die bayerischen BRB., soweit sie Beamte sind, während nur das Gesamtministerium ein Disziplinarverfahren gegen dieselben beantragen kann[97]). Wie oben ausgeführt, sind die bayerischen BRB. als solche nicht Beamte, es sei denn, daß sie durch ausdrückliche Anordnung zu solchen erklärt sind.

3. In Sachsen liegt der Fall ähnlich wie in Preußen. Es besteht eine Verordnung von 1831, nach welcher Gesetzentwürfe

95) Formationsverordnung von 1825.

96) Hier handelt es sich um eine richtige Stellvertretung des Königs von Bayern, aber der die Instruktion übermittelnde BRB. ist lediglich der Bote der bayerischen Regierung, letzten Endes also wiederum des Königs von Bayern.

97) Ministerialbekanntmachung vom 29. Oktober 1909, die Dienstaufsicht und das Dienststrafrecht für nichtrichterliche Beamte betreffend (I. Anl. A. 1; Vogels S. 85).

dem Gesamtministerium zur Beratung vorzulegen sind. Auch hier erhob sich nun die Frage, ob diese Vorschrift auch auf die Reichsgesetzentwürfe Anwendung zu finden hat. Hinsichtlich Preußens ist diese Frage zu verneinen, hinsichtlich Sachsens läge der Fall an und für sich ebenso. Jedoch sind hier überhaupt alle wichtigen Angelegenheiten, deren Regelung in mehrere Ressorts eingreift, bezw. eingreifen würde, dem sächsischen Gesamtministerium vorzulegen und auf Grund dieser Bestimmung ist das Gesamtministerium auch über die den BRB. zu erteilende Instruktion hinsichtlich solcher ebengenannten Angelegenheiten zu befragen. Die Instruktion muß in diesen Fällen vom Gesamtministerium gutgeheißen werden, dagegen ist das Ministerium der auswärtigen Angelegenheiten allein zuständig für die Instruktion über Entwürfe von Reichsgesetzen, die nur in e i n Ressort eingreifen. Es handelt sich nun hier um die Frage, ob solche vorkonstitutionelle Rechtsvorschriften heute noch Gültigkeit haben. Bejaht man diese Frage, so ist eine den sächsischen BRB. erteilte Instruktion über Gegenstände, welche nach der Verordnung von 1831 dem Gesamtministerium zur Beratung vorzulegen sind, wenn dies nicht geschehen ist, anfechtbar. Da es sich im vorliegenden Fall um eine Vorschrift handelt, die auch heute noch durch Königliche Verordnung ohne Zustimmung der Volksvertretung getroffen werden kann, so ist die Anfechtbarkeit bei Nichteinhaltung der Vorschrift begründet[98]).

4. Württemberg hat die Regelung der gesamten Beziehungen zum Reich dem Gesamtstaatsministerium übertragen[99]). Dieses ist für die Instruktion zuständig; es darf also ein württembergischer Staatsminister eine vom König erteilte Instruktion nur gegenzeichnen, wenn das Staatsministerium auch sein Gutachten über sie abgegeben hat, dagegen ist der König an dieses nicht gebunden, das Staatsministerium hat vielmehr nur beratende Mitwirkung. Es genügt die Gegenzeichnung durch einen Staatsminister, gleichgültig

98) In Preußen liegt der Fall insofern anders, als es sich bei den Kabinettsordres von 1814 und 1817 ersichtlich nur um preußische G e s e t z e n t w ü r f e handelt, während unter die Sächsische Verordnung von 1831 alle wichtigen, in mehrere Ressorts eingreifenden A n g e l e g e n h e i t e n fallen.

99) Gesetz betr. Bildung eines Staatsministeriums vom 1. Juli 1876 und Gesetz betr. Aufhebung des Geheimen Rats vom 15. Juni 1911.

welchem Departement er vorsteht. Dies gilt auch von Anträgen auf Abänderung der in Art. 78 Abs. 1 und 2 RV. genannten Rechte mit der oben zugunsten der Volksvertretung gemachten Einschränkung. Konsequenterweise ist deshalb auch das Staatsministerium und nicht der Minister der auswärtigen Angelegenheiten die vorgesetzte Behörde der BRV. Dieser letztere hat also keinerlei Instruktion an die BRV. zu erteilen[100]).

5. In Baden ist die Regelung der Beziehungen zwischen dem Großherzogtum und dem Reiche dem Ministerium der auswärtigen Angelegenheiten übertragen worden[101]). Dahin gehört auch die Instruktion der BRV.

6. In Hessen wird die Instruktion vom Staatsministerium erteilt. Seiner bedient sich der Großherzog in der auswärtigen Politik zur Vertretung des Staates nach außen. Das Staatsministerium ist zuständig in solchen Fragen, die für die Staatsverwaltung im ganzen von Interesse sind[102]).

7. Mecklenburg-Schwerin. Hier ist im allgemeinen das Ministerium der auswärtigen Angelegenheiten für die Instruktionserteilung zuständig, weil überhaupt für Verwaltung der Beziehungen zum Deutschen Reich. In wichtigeren Angelegenheiten allerdings muß die Instruktion vom Staatsministerium erteilt werden[103]).

8. In Sachsen-Weimar-Eisenach gilt das revidierte Grundgesetz vom 15. Oktober 1850. Dieses beschränkt sich fast ausschließlich darauf, die Rechte des Landtags eingehend aufzuzählen, über die Vertretung des Staats nach außen und über den Umfang der großherzoglichen Gewalt enthält das Gesetz nichts. Auch hier gilt der Grundsatz, daß dem Großherzog die Fülle aller Rechte der Staatsgewalt zusteht, soweit sie ihm nicht ausdrücklich entzogen sind. Danach ernennt der Großherzog die BRV. und instruiert sie. Zur Gültigkeit der Ernennung und Instruktion ist ministerielle Gegenzeichnung nötig. Dem Landtag dagegen ist ein Mitwirkungsrecht hinsichtlich

---

100) (Gaupp-) Göz S. 160 und S. 514.

101) Verordnung vom 7. März 1893 und 19. Mai 1911.

102) Verordnungen vom 12. März 1879 und 15. November 1884.

103) Vogels S. 87. — Diese Regelung ist also der im Königreich Sachsen getroffenen ähnlich.

der Vertretung des Großherzogtums nach außen nicht eingeräumt. Hieran ändert auch der § 4 des Grundgesetzes nichts, der dem Landtag das Recht zuschreibt „über jede Besteuerung und andere Belastung der Staatsbürger, sowie über jede allgemeine Anordnung die darauf Einfluß haben möchte, ehe sie zur Ausführung kommt, gehört zu werden dergestalt, daß ohne dieses Gehör und ohne Verwilligung des Landtags weder Steuern erhoben, noch sonst Finanzmaßregeln ergriffen werden, die das Staatsvermögen oder das Vermögen der Staatsbürger in Anspruch nehmen könnten." Seit Sachsen-Weimar dem Deutschen Reich angehört, ist dieser genannte Paragraph mit der Einschränkung zu verstehen, daß, soweit es sich um Reichssteuern und ähnliche Maßregeln des Reichs handelt, eine Verwilligung nicht in Frage kommen kann. Dagegen muß im Hinblick auf die allgemeine Fassung des Grundgesetzes anerkannt werden, daß der Sachsen-Weimarische Landtag ein Recht auf Gehör hat vor der Erteilung von Instruktionen an den Weimarischen BRB. über Reichssteuern, Matrikularbeiträge und ähnliches; denn der Landtag muß gehört werden „über jede allgemeine Anordnung, die darauf Einfluß haben möchte, ehe sie zur Ausführung kommt". Ohne daß der Landtag gehört ist, darf also kein Weimarischer Staatsminister eine derartige Instruktion gegenzeichnen[104]). Tut er dies dennoch, so macht er sich verantwortlich und die Instruktion ist ungültig und anfechtbar. Dagegen ist der Beschluß des Landtags für den Großherzog bei der Instruktionserteilung nicht maßgebend, da ja der Landtag nur gehört werden muß. Aus diesem Grunde kommt auch eine Anfechtung der Instruktion praktisch kaum in Frage.

9. In Mecklenburg-Strelitz leitet das Staatsministerium die Beziehungen zum Deutschen Reich, ist also für die Erteilung der Instruktion zuständig[105]). Selbstverständlich mit der Einschränkung, die auch für alle anderen Staaten gilt, daß in erster Linie der Monarch selbst das Recht zur Instruktionserteilung hat.

10. Für Oldenburg ist maßgebend der Art. 6 der Oldenburgischen Verfassung, welcher lautet: „Der Großherzog vertritt das Groß-

104) Es kann fraglich sein, ob mit Rücksicht auf die Fassung des Grundgesetzes nicht der Landtag überhaupt über nahezu alle Gegenstände über welche der BRB. instruiert werden soll, gehört werden muß.

105) Vogels S. 87.

herzogtum nach außen." Hierzu kommt die Bestimmung des Art. 12, wonach alle Regierungserlasse des Großherzogs zu ihrer Gültigkeit der Gegenzeichnung eines Mitglieds des Staatsministeriums bedürfen. Hieraus ergibt sich, daß der Großherzog die BRB. ernennt und instruiert. Ein Mitwirkungsrecht der Volksvertretung ist nirgends ausdrücklich ausgesprochen und steht ihr nach den allgemeinen staatsrechtlichen Grundsätzen nicht zu. Dagegen ist nach Art. 128 § 2 der Landtag befugt, über alle Staatsangelegenheiten von der Staatsregierung Auskunft zu verlangen. Macht er von diesem Recht in der Weise Gebrauch, daß er das Staatsministerium über die Stellungnahme der Regierung zu einer den Gegenstand der Beratung und Entscheidung durch den Bundesrat bildenden Frage — denn um Staatsangelegenheiten handelt es sich hier immer — interpelliert, so muß nach obiger Bestimmung der Staatsminister die Auskunft geben, also auch schon vor der Beratung des Bundesrats die dem Oldenburgischen BRB. erteilte Instruktion mitteilen. Dem Landtag steht es frei, an ihr Kritik zu üben. Dieses Recht kann man jedoch so wenig wie das dem Landtag von Sachsen-Weimar-Eisenach in dieser Hinsicht zuzuschreibende Recht als ein Mitwirkungsrecht bei Erteilung der Instruktion hinsichtlich ihres Inhalts auffassen. Übrigens geht die Befugnis des Oldenburgischen Landtags unstreitig weiter als die des Sachsen-Weimarischen, da er nicht nur über die Fälle möglicher Belastung oder Besteuerung der Staatsbürger oder des Staats, sondern überhaupt über alle Staatsangelegenheiten Auskunft verlangen kann. Der Großherzog bezw. die Regierung braucht sich jedoch von der Kritik des Landtags nicht beeinflussen zu lassen: lediglich das pflichtmäßige Ermessen der Regierung entscheidet über die Instruktion. Der gegenzeichnende Minister hat aber die Verantwortung zu tragen.

Im übrigen sagt Schücking[106]): „Die Instruktionen für den BRB. werden im Gesamtministerium beschlossen und von dem zuständigen Ressortministerium dem BRB. zugefertigt. Gegenwärtig ist der Minister der auswärtigen Angelegenheiten auch der Oldenburgische Bevollmächtigte zum Bundesrat. Insofern hat er eine eigentümliche Doppelstellung und müßte eigentlich seine eigene

106) Seite 121.

Instruktion, wenn sie unmittelbar vom Monarchen ausgeht, gegenzeichnen, wenn sie nur auf Grund eines Vortrags beim Monarchen als Ministerialerlaß an die Bevollmächtigten erginge, an sich selbst richten und selbst unterzeichnen."

11. In den kleineren Staaten beantwortet sich die Frage der vorgesetzten Behörde und des für die Gegenzeichnung zuständigen Staatsministers damit von selbst, daß nur ein Staatsminister vorhanden ist. Ein Mitwirkungsrecht der Volksvertretung scheint nirgends in Frage zu kommen.

12. In Hamburg, Bremen und Lübeck sind, wie oben ausgeführt, die Senate zuständig.

XV. Kapitel.

Rechte, Pflichten und Verantwortlichkeit der Bundesratsbevollmächtigten nach Landesrecht.

§ 48. a) Rechte. Im allgemeinen läßt sich sagen, daß die BRB. als solche ihren Absendestaaten gegenüber besondere Rechte nicht haben; sind sie Beamte, so haben sie eben die allgemeinen Beamtenrechte, insbesondere steht ihnen als BRB. kein besonderer Titel oder Rang zu, sind sie hauptamtlich zu BRB. ernannt, so richtet sich ihr Gehaltsanspruch nach den Festsetzungen im Staatshaushalt, sind sie nebenamtlich tätig, so kann ihnen eine Zulage im Etat bewilligt sein, oder sie können Auslagen ersetzt bekommen, oder eine Aufwandsentschädigung erhalten[107]). Im Genuß der Garantien richterlicher Unabhängigkeit stehen die BRB. nicht, jedoch kommen ihnen die in manchen Staaten[108]) geltenden Bestimmungen zugute, durch die den Beamten ein gewisser Schutz gegen willkürliche Amtsentsetzung, Pensionierung, Quieszierung geboten wird, vorausgesetzt, daß sie nach dem Rechte ihres Bundesstaats Beamte sind.

§ 49. b) Pflichten[109]). Wie oben gezeigt, sind eine Reihe von BRB. Beamte im Sinne des Beamtengesetzes ihres Absende-

107) Vogels S. 76.

108) Zum Beispiel in Preußen, Württemberg, Sachsen, Baden, Hessen.

109) Vgl. die ausführliche Darstellung von Vogels S. 73 ff., sowie über das Recht und die Pflicht zur Übernahme des Amts als BRB., Vogels S. 71 ff.

staats, seien sie nun haupt- oder nebenamtlich tätig. Die Pflichten dieser BRB. sind in erster Linie die allgemeinen, jedem Beamten im Sinn des betreffenden Gesetzes auferlegten. Aus der besonderen Natur des Amts als BRB. ergeben sich insbesondere folgende Pflichten als Konsequenz.

Entsprechend der allgemeinen Pflicht, das ihm übertragene Amt treu zu versehen, die Weisung seiner dienstaufsichtführenden Vorgesetzten zu befolgen, der sogenannten Treu- und Gehorsamspflicht, muß der BRB. sich an den Beratungen des Bundesrats und seiner Ausschüsse beteiligen und, sofern er Instruktion hat, gemäß derselben abstimmen. Durch eine instruktionswidrige Abstimmung oder durch Nichtabstimmung, obgleich er für eine solche Abstimmung instruiert ist, begeht der BRB. ein Disziplinarvergehen.

Für diejenigen BRB., die nicht Beamte im Sinne des Beamtengesetzes ihres Heimatstaates sind, oder deren Heimatstaat kein solches Gesetz hat, gilt folgendes:

Hat der betreffende Absendestaat ein Beamtengesetz, unter das aber die BRB. nicht fallen, so ist im Wege der Analogie zu folgern, daß die Pflichten der BRB. denjenigen der Beamten analog sind. Sie stehen eben auch in einem Dienstverhältnis auf Grund öffentlich-rechtlicher Dienstpflicht zum Staat.

Hat ein Bundesstaat kein Gesetz, in dem die Dienstverhältnisse der Beamten ausdrücklich geregelt sind, so haben sich in ihm jedenfalls die Rechte und Pflichten der Beamten gewohnheitsrechtlich entwickelt. Dann ist der BRB. ebenfalls dem kraft Gewohnheit geltenden Recht der Beamten, zu denen er in diesen Staaten unter allen Umständen gehört (s. o.), zu unterstellen[110]).

§ 50. c) Die Verantwortlichkeit der BRB.[111]). Der BRB. ist in mehrfacher Hinsicht für sein Tun verantwortlich: Zivilrecht-

110) Vgl. die Rechtsstellung und die Pflichten der Württ. öffentl. Notare, die auch nach Art. 99 Abs. 3 Württ. AGzBGB. nicht Staatsbeamte sind, und doch eine der Beamtenstellung in mancher Hinsicht ähnliche Stellung haben.

111) Vgl. hierzu H. Meier S. 42 f., der insbesondere S. 43 mit Recht sagt: „Es müssen betreffs der BRB. verschiedene Bestimmungen zur Anwendung kommen, weil die Personen, die zur Vertretung der Bundesstaaten entsandt werden, verschiedenartigen Personenklassen angehören, für welche in gewissen Beziehungen besondere Rechtssätze gelten".

lich, strafrechtlich, disziplinarrechtlich und staatsrechtlich, aber nicht politisch. Scharf zu unterscheiden ist von der eigenen, nur rechtlichen Verantwortlichkeit der BRB. für ihr Verhalten, diejenige der Minister für die Instruktion und das Verhalten der BRB. Diese Ministerverantwortlichkeit ist entweder eine politische, oder eine staatsrechtliche.

a) Eine zivilrechtliche Verantwortlichkeit der BRB. ist denkbar:
erstens einem Dritten gegenüber,
zweitens, dem Heimatstaat gegenüber.

Die Verantwortlichkeit einem Dritten gegenüber beruht auf § 839 BGB., ist also einheitlich durch Reichsgesetz geregelt. Für die Anwendung dieses Paragraphen ist gleichgültig, ob der BRB. Beamter im Sinne des Beamtengesetzes seines Heimatstaates ist (falls überhaupt ein solches vorhanden ist) oder nicht. Wir sahen oben, daß man ausgehend von einem allgemeinen Begriff des Beamten den BRB. schlechthin als Beamten anzusehen hat und dieselbe Bedeutung hat dies Wort in § 839 BGB.[112]). Selbst die Bevollmächtigten solcher Staaten, die nach ihren Landesrechten nicht Beamte sind, sind im Sinne von § 839 BGB. als solche anzusehen.

Freilich werden sich in der Tätigkeit der BRB. nur wenige Fälle finden lassen, in denen die Anwendung des § 839 in Betracht kommen kann. Es ist kaum ein Fall denkbar, in dem einem BRB. als solchem einem Dritten gegenüber eine Amtspflicht obliegt. Eine solche besteht für ihn vielmehr fast ausschließlich gegenüber seinem Heimatstaat. Es kann deshalb gar keine Rede davon sein, daß wenn ein BRB. instruktionswidrig abstimmt und die Stimme seines Heimatstaats für das Ergebnis der Abstimmung entscheidend ist, ein hiervon zu seinem Nachteil getroffener Dritter gegen den BRB. eine Schadensersatzforderung auf § 839 gründen könnte: denn diesem Dritten gegenüber lag dem BRB. in der Regel keine Amtspflicht ob. Diese Voraussetzung der Anwendbarkeit des § 839 ist nur dann gegeben, wenn der Absendestaat ausdrücklich betont, daß dem BRB. eine Amtspflicht einem Dritten gegenüber obliegt, wenn die Instruktion den Schutz eines dritten

112) Vgl. oben Anm. 85.

Interesses ausdrücklich bezweckt[113]). Die Haftung des BRB. gegenüber einem Absendestaat kann nicht aus § 839 gefolgert werden[114]). Das ist, wie überhaupt irgend welche Anwendung der Rechtssätze des BGB. auf das Verhältnis zwischen BRB. und Absendestaat, schon um deswillen ausgeschlossen, weil die Beziehungen des BRB. zu seinem Absendestaat rein öffentlichrechtlicher Natur sind, während das BGB. nur private Rechtsverhältnisse zu regeln unternimmt. Vielmehr folgt die Verantwortlichkeit derjenigen BRB., die Beamte im Sinne ihres einheimischen Beamtengesetzes sind, mitunter aus diesem. Soweit eine solche Haftungspflicht hier nicht ausdrücklich konstruiert ist, bleibt nur übrig, wie überhaupt bei denjenigen BRB., die nicht Beamte im Sinne eines Beamtengesetzes sind, aus dem eigentlichen Dienstpflichtverhältnis der Beamten zum Staat zu folgern, daß der Beamte für den aus Vernachlässigung oder Nichterfüllung seiner Pflichten dem Staat gegenüber diesem erwachsenden Schaden aufzukommen hat. Es läßt sich hier die Analogie des bürgerlichen Rechts[115]) beiziehen, aber formelle gesetzliche Regelung hat das öffentliche Recht auf diesem Gebiet wie auf so vielen anderen noch nicht in allen Staaten getroffen. Der Grund dafür ist darin zu suchen, daß das Beamtenverhältnis früher überwiegend als privatrechtlicher Dienstvertrag aufgefaßt wurde, heute aber mit Recht als ein öffentlichrechtlicher Vertrag angesehen wird[116]) und infolgedessen dem Privatrecht entzogen ist.

---

113) Ähnlich Vogels S. 88; vgl. RGK. zu § 839 und Dernburg II 2 S. 730.

114) Unerfindlich ist, wie H. Meier dazukommt zu behaupten, auf § 839 beruhe auch die zivilrechtliche Verantwortlichkeit der BRB. ihrem Bundesstaat gegenüber, denn dieser sei auch Dritter. Es ist kaum nötig, darauf hinzuweisen, daß das Wort „Dritter" deutlich zeigt, daß noch zwei andere Personen vorhanden sein müssen. Diese können nach dem Sinn des § 839 nur sein 1. der Beamte und 2. derjenige, in dessen Dienst der Beamte steht, der Dritte kann nun unmöglich identisch sein mit einem dieser Beiden. Eine solche Auslegung widerspricht durchaus dem deutschen Sprachgefühl und insbesondere auch der Terminologie des BGB.

115) Vgl. §§ 276, 823 BGB.

116) Vgl. Fleiner, Über die Umbildung usw. S. 10 und die dort angeführte Literatur.

Auf einer Verkennung der rechtlichen Stellung der BRB. beruht die Auffassung, daß[117]) „für die Haftbarkeit der BRB. der Umstand von irgend welcher Bedeutung sein könnte, ob derselbe lediglich als abhängiges Stimmorgan tätig gewesen ist oder ob er auch an der Feststellung des Inhalts der Instruktion beteiligt ist." Der BRB. als solcher ist überhaupt nur abhängiges Stimmorgan; ist er an der Feststellung des Inhalts der Instruktion beteiligt, oder ist die Abstimmung überhaupt seinem Ermessen anheimgestellt, so ist er in dieser Hinsicht Beamter seiner heimischen instruierenden Regierung, aber keineswegs BRB. Als solcher wird er nur abstimmend tätig.

b) Die strafrechtliche Verantwortlichkeit der BRB. ist diejenige eines jeden Beamten, denn auch für die Beamtendelikte des StGB. ist nicht Bedingung, daß der Täter Beamter im Sinne bestimmter Gesetze ist, sondern daß er nach allgemeinen Anschauungen und Begriffen Beamter ist[118]). So untersteht er insbesondere den §§ 331 ff. StGB., soweit die hier geregelten Verbrechen der Natur des Amtes nach vom BRB. überhaupt begangen werden können. Es ist hier insbesondere zu denken an Bestechung, Urkundenfälschung u. ähnl.

c) Die disziplinarrechtliche Verantwortlichkeit ergibt sich aus der Eigenschaft der BRB. als Beamte, soweit sie es im Sinne der

117) Vogels vertritt sie S. 89.

118) Ganz unhaltbar ist die Konstruktion von Vogels S. 90 f., daß eine instruktionswidrige Abstimmung den Tatbestand der landesverräterischen Untreue im Sinne des § 92 Ziff. 3 StGB. erfüllen könne. Vogels konstruiert folgendermassen: Objekt der landesverräterischen Untreue sei ein Geschäft, das ein Bevollmächtigter mit „einer fremden Regierung" abschließe. Der Bundesratsbevollmächtigte schließe nun „mit den andern Bundesstaaten bezw. ihren Vertretern Verträge ab, allerdings mit ihnen „zusammen", nicht ihnen „gegenüber". Ein solches quid pro quo bei Auslegung eines Gesetzes ist natürlich unzulässig. Bei Abfassung des Gesetzes dachte kein Mensch daran, das „mit" einer fremden Regierung im Sinne von „mit" einer fremden Regierung „zusammen" aufzufassen. — Bei der Auffassung des BRB. als eines Boten ist diese Auslegung überhaupt unmöglich, denn danach schließt überhaupt nicht der BRB., sondern seine heimische Regierung mit den Regierungen der andern Bundesstaaten Verträge (wenn dieser Ausdruck überhaupt zulässig ist) ab und bedient sich hierzu nur des BRB. als des Überbringers ihrer Willenserklärung.

Beamtengesetze ihrer Einzelstaaten sind. Sind sie dies nicht, so können sie disziplinarisch nur zur Verantwortung gezogen werden, wenn das betreffende Beamten- oder ein anderes Gesetz sie den landesrechtlichen Disziplinarbestimmungen ausdrücklich unterwirft. Existiert endlich überhaupt keine nähere Bestimmung darüber, was ein Beamter ist, so muß doch dasjenige Gesetz, durch welches das Disziplinarrecht begründet ist, darüber Auskunft geben, welche Kategorien von Personen ihm unterworfen sein sollen. Danach ist im Einzelfall zu entscheiden, ob der BRB. dem Disziplinarrecht untersteht oder nicht.

d) Die staatsrechtliche Verantwortlichkeit: Es ist schon oben betont worden, daß nach geltendem deutschem Staatsrecht als demjenigen von auf konstitutioneller Grundlage beruhenden Staaten, die Instruktion der BRB. der Gegenzeichnung eines Ministers zu ihrer Gültigkeit bedarf. Es handelt sich um eine Regierungshandlung des — unverantwortlichen — Monarchen, für die der Staatsminister durch die Gegenzeichnung die Verantwortlichkeit übernimmt. Diese Verantwortlichkeit wird übernommen der Gesamtheit der Staatsbürger gegenüber; geltend gemacht wird sie von deren Vertretung: der Volksvertretung. Die Gegenzeichnung durch einen Minister und die Form ihrer Geltendmachung durch das Parlament hat den Zweck dem Monarchen, wie ihm die Rechtsprechung gänzlich entzogen ist, und er bei der Gesetzgebung an die Mitwirkung der Volksvertretung gebunden ist, auch auf dem Gebiet der Verwaltung in der Freiheit seiner Entschlüsse und Maßnahmen einzuschränken und die Gesetzmäßigkeit der Verwaltung dadurch zu sichern, daß in der Person des Ministers ein für die Rechtmäßigkeit durch seine Gegenzeichnung verantwortliches Organ geschaffen ist. Keine Regierungshandlung ist gültig, wenn sie nicht gegengezeichnet ist. Damit aber ein Minister sich nicht zu einer Gegenzeichnung überreden läßt, die er nicht rechtfertigen könnte, sei es, daß sie ungesetzlich oder unzweckmäßig ist, ist die Volksvertretung befugt, ihn zur Verantwortung zu ziehen. Man muß hinsichtlich der Geltendmachung der Verantwortlichkeit zwei Arten derselben unterscheiden, die politische Verantwortlichkeit, die in jedem Staate vorhanden ist, der eine Volksvertretung besitzt, und die rechtliche Verantwortlichkeit, die nur in einzelnen Staaten und jeweils verschieden geltend gemacht werden kann.

1. Die politische Verantwortlichkeit des Ministers tritt dann ein, wenn nach Ansicht der Volksvertretung eine vom Minister gegengezeichnete Instruktion politisch unrichtig, unklug oder unzweckmäßig ist. Die verschiedenen Arten ihrer Geltendmachung sind hier nicht zu erörtern. Der Minister, der die Instruktion unterzeichnet hat, kann diese vor der Kammer verantworten und verteidigen, er kann aber nicht gezwungen werden, sich zu äußern. Dem BRB. selbst kann eine solche politische Verantwortlichkeit nicht treffen. Selbstverständlich kann auch an seinem Tun und Lassen in der Kammer Kritik geübt werden. Diese unterscheidet sich jedoch von der außerhalb des Parlaments geübten nur dadurch, daß den Abgeordneten der Schutz des § 11 StGB. zukommt, andern Personen aber nicht. Das äußerste Mittel, das der Volksvertretung einem BRB. gegenüber zur Verfügung stünde, wäre die Verweigerung der Bewilligung seines Gehalts, falls er einen solchen bezieht. Ob sie aber hierzu berechtigt ist, ist eine andere, von vielen mit Recht und mit der Begründung verneinte Frage, daß der Landtag die zur Fortführung notwendiger staatlicher Geschäfte, d. h. solcher, wie sie der Zweck des Staats mit sich bringt, benötigten Mittel bewilligen muß. Daß aber bei der eminenten Bedeutung des Bundesrats für das Reich und dem engen Zusammenhang von Reich und Einzelstaaten, bei der unmittelbaren Verknüpfung ihrer Interessen und Schicksale die BRB. schlechthin notwendig sind, soll das Reich seinen Zweck erfüllen, ist wohl außer allem Zweifel.

2. Die rechtliche Verantwortlichkeit. Sie grenzt sich gegen die politische dadurch ab, daß durch sie nicht Unzweckmäßigkeit, sondern nur Unrechtmäßigkeit geltend gemacht wird, von der straf-, zivil- und disziplinarrechtlichen dadurch, daß nicht allgemeine Gesetzwidrigkeit, sondern nur Verfassungswidrigkeit durch sie geltend gemacht werden kann[119]). Rechtlich können zur Verantwortung gezogen werden in erster Linie Minister und Departementschefs,

119) Ausnahmen machen nur die Badische Verfassung, die eine Ministeranklage auch bei schwerer Gefährdung der Sicherheit und Wohlfahrt des Staates kennt und die Schwarzburg-Sondershausen'sche, die auch bei Verletzung der Amtspflicht, also einem Disziplinarvergehen, die Ministeranklage zuläßt. Die Einzelheiten nach deutschen Landesstaatsrechten finden sich bei H. Meier S. 52 f. zusammengestellt.

wenn ihre Handlungen die Verfassung verletzen, und zwar durch die Ministeranklage. Für die Behandlung dieser Fälle (die übrigens kaum je praktisch werden) ist meist ein besonderer Gerichtshof eingesetzt (sogenannter Staatsgerichtshof; z. B. in Württemberg) oder ist die Funktion eines solchen einem Oberlandesgericht übertragen (z. B. in Hessen)[120].

Kurz gesagt kann gegen einen Minister, der eine Instruktion gegengezeichnet hat, Ministeranklage erhoben werden, wenn die Instruktion verfassungswidrig ist, z. B. wenn die landesrechtlich vorgeschriebene Beratung der Instruktion durch das Gesamtministerium nicht stattgefunden hat, oder wenn landesrechtliche Gegenzeichnung durch den Minister der auswärtigen Angelegenheiten vorgeschrieben ist und ein anderer Minister als dieser sie vollzogen hat[121]. Dagegen kann ein Minister nicht darum angeklagt werden, weil die von ihm gegengezeichnete Instruktion auf ein Abstimmungsergebnis hinwirkt, das Abänderungen der betreffenden Einzelstaatsverfassung nötig machen würde. Wenn z. B. ein württembergischer Minister die Instruktion gegenzeichnet, die württembergischen BRB. sollen einem die Aufhebung des allgemeinen gleichen und direkten Wahlrechts bei den Wahlen zu den einzelstaatlichen Parlamenten bezweckenden Reichsgesetzentwurf zustimmen, so müßte durch das Zustandekommen dieses Gesetzes allerdings die württembergische Verfassung tiefgreifende Änderungen erfahren, aber davon, daß deshalb der Minister unter Anklage gestellt werden könnte, ist keine Rede, denn er hätte durchaus im Rahmen seiner verfassungsmäßigen Rechte gehandelt. Die Bundesratsitzungen sind Regierungsberatungen, in denen die Einzelregierungen nach ihrer besten Überzeugung durch ihre BRB. abstimmen. Wer den richtigen Standpunkt einnimmt, daß ein Mitwirkungsrecht der Volksvertretung, sofern es nicht ausdrücklich vorgeschrieben ist, bei der Instruktion abzulehnen ist, muß konsequenterweise auch ablehnen, daß die Volksvertretung ein Recht hätte, wegen des Inhalts der Instruktion den Minister zur rechtlichen Verantwortung zu ziehen. Überdies sind die Be-

120) In Preußen gibt es die Ministeranklage überhaupt nicht; in Baden entscheidet über die von der zweiten Kammer zu erhebende Anklage die erste Kammer.

121) Vgl. H. Meier S. 54.

ratungen und Abstimmungen des Bundesrats geheim, also verdankt die Volksvertretung eine etwaige Kenntnis vom Inhalt der Instruktion lediglich dem guten Willen der Regierung. Die BRB. als Beamte können nur in einzelnen Staaten[122]) selbst vor den Staatsgerichtshof gestellt, also staatsrechtlich für Verfassungswidrigkeit ihrer Handlungen verantwortlich gemacht werden. In diesen Fällen können die BRB. nur soweit rechtlich dafür verantwortlich gemacht werden, daß sie sich instruktionswidrig verhalten haben, als ein derartiges Zurverantwortungziehen bei anderen Beamten als den Ministern überhaupt zulässig ist. Für den materiellen Inhalt der Instruktion ist ein rechtliches Zurverantwortungziehen, wie oben ausgeführt wurde, grundsätzlich unzulässig. Von diesem Grundsatz ist jedoch entschieden eine Ausnahme zu machen, wenn der BRB. aus der ihm erteilten Instruktion ersehen muß, daß dieselbe seitens des gegenzeichnenden Ministers eine Handlung darstellt, wegen deren die Ministeranklage erhoben werden kann.

Der von manchen vertretenen Auffassung[123]), die Minister könnten bezüglich der Erteilung der Instruktion nach Landesrecht von den Einzellandtagen überhaupt nicht zur Verantwortung gezogen werden, sondern hier handle es sich lediglich um eine Bundes- bezw. Reichsangelegenheit, die nach Reichsrecht zu beurteilen sei, kann nicht beigetreten werden, die BRB. sind Einzelstaatsbeamte, empfangen ihre Instruktion von der Regierung des Einzelstaats als solcher. Die Instruktion dieser Staatsbeamten durch ihre Staatsregierung ist ein Regierungsakt dieser letzteren, den die Minister gegenzeichnen müssen und für den sie darum wie für jede andere die Staatsverwaltung betreffende Regierungshandlung verantwortlich sind[124]).

Diese Verantwortlichkeit besteht den Einzellandtagen und nicht dem Reichstag gegenüber. Dieser hat auch keinen Anspruch darauf, daß ihm die BRB. Aufschluß über ihre Instruktionen geben. Endlich und vor allem aber ist die Instruktion der BRB. eine interne Sache

122) So in Württemberg, Oldenburg, Braunschweig und den drei sächsischen Herzogtümern.

123) Hiersemenzel S. 297 und Thudichum S. 116.

124) Wie hier Vogels S. 97 und Meier S. 42.

der Einzelstaaten. Den Reichstag, überhaupt das Reich interessiert rechtlich nur das **Ergebnis** der Bundesratsberatungen und -abstimmungen.

Die politische Verantwortlichkeit des Reichskanzlers gegenüber dem Reichstag besteht nur für solche Akte der Reichsregierung, die vom Kaiser gezeichnet, vom Reichskanzler gegengezeichnet sind. Für die von dem Reichskanzler als preußischem Minister gegengezeichnete Instruktion der preußischen BRB. ist er dem preußischen Landtag verantwortlich. Hier fällt Verantwortlichkeit des Ministers und des BRB. notwendig zusammen. Tatsächlich wird das in allen Staaten häufig der Fall sein. Auch für die Beschlüsse des Bundesrats kann der Reichskanzler nicht als dessen Vorsitzender vom Reichstag zur Verantwortung gezogen werden. Politisch verantwortlich ist der Reichskanzler dem Reichstag vielmehr nur für Regierungsakte des Kaisers, die er in seiner Eigenschaft als verantwortlicher Reichsminister gegengezeichnet hat, sowie überhaupt für seine Tätigkeit als Reichsminister. Wie oben dargelegt wurde, ist der Reichskanzler aber nach richtiger Ansicht nicht in seiner Eigenschaft als Reichsminister Vorsitzender des Bundesrats, sondern als preußischer BRB.

XVI. Kapitel.

Die Beendigung des Amts der Bundesratsbevollmächtigten.

§ 51. Hinsichtlich der Endigung des Amts sind verschiedene Fälle zu unterscheiden. Ist der Bundesratsbevollmächtigte als solcher Beamter im Sinne eines Staatsdienstgesetzes, so richtet sich die Möglichkeit der Endigung des Amts nach diesem, es können also vor allem in Betracht kommen, Ausscheiden aus dem Staatsdienst, Zurruhesetzung, Stellung zur Disposition, Amtsentsetzung im Disziplinarweg. Wenn das Amt in stets widerruflicher Weise übertragen ist, so kann es dem BRB. natürlich jederzeit entzogen werden. Ist das Amt als BRB. ein mit einem Hauptamt verbundenes Nebenamt, so endet es im Zweifel nicht vor dem Hauptamt, aber mit diesem; ebenso erlischt das Amt, wenn dem BRB. ein anderes Amt ebenfalls als Hauptamt übertragen wird. War das Amt als BRB. nur nebenamtlich und nicht ausdrücklich nur für die Dauer der Bekleidung eines Hauptamts übertragen, so endet das Nebenamt nicht von selbst mit Versetzung in ein anderes Hauptamt. Übrigens bietet die Endigung des Amts eines BRB., der Beamter im Sinne eines Staatsdienstgesetzes ist, keinerlei Besonderheiten, die etwa in der Natur dieses Amtes begründet wären.

§ 52. Ist dagegen der BRB. nicht Beamter im Sinne eines solchen Gesetzes, so ist einmal möglich, daß das Amt des BRB. einfach ein Appendix eines Amtes des Staatsdienstes ist, z. B. daß der jeweilige Staatsminister eines Kleinstaates zugleich dessen BRB. ist. In diesem Fall ergibt sich von selbst, daß mit Endigung des Amts auch der aus ihm Ausscheidende aufhört BRB. zu sein. Es lassen sich überhaupt allgemeine Grundsätze über die Endigung des Amts als BRB. nicht aufstellen, es kommt vielmehr auf den einzelnen Fall an und auf die Form der Übertragung des Amts. Maßgebend sind die verschiedenen Formen, in denen Beamte im allgemeinen, Minister, die sehr häufig BRB. sind, im besonderen nach den deutschen Landesstaatsrechten aus ihren Ämtern scheiden können. Besonderheiten liegen für die BRB. nach den deutschen Staatsrechten nicht vor.

Schließlich sei nur noch darauf hingewiesen, daß durch die Wahl zum Reichstagsabgeordneten der Gewählte nicht ipso jure aufhört, BRB. zu sein, daß er aber die Endigung des Amts als BRB. herbeiführen muß, ehe er die Wahl rechtsgültig annehmen kann.

IV. Anhang.

Die reichsländischen Bundesratsbevollmächtigten[125]).

§ 53. Im Frankfurter Frieden von 1871 trat Frankreich die volle Souveränität über Elsaß und Lothringen an das Deutsche Reich ab. Die beiden Gebiete wurden danach dem Deutschen Reiche als Reichsland einverleibt. Das Reich wurde Träger der Staatsgewalt in den Reichslanden, die Ausübung der Staatsgewalt aber wurde dem Kaiser übertragen durch Reichsgesetz. Ohne diese Bestimmung in § 3 Abs. 1 des Reichsgesetzes vom 9. Juni 1871 würde die Ausübung der Staatsgewalt in Elsaß-Lothringen Sache des

125) Vgl. insbesondere die vortreffliche Darstellung bei Laband Bd. II S. 211 ff.

Bundesrats sein: es liegt hier eine Delegation an den Kaiser vor. Doch wurden die Reichslande kein Staat: wir haben oben den Staat definiert als selbstherrliche Gebietskörperschaft, den Reichslanden fehlt die Selbstherrlichkeit. Wie erwähnt, hat das Reich alle Souveränität erhalten. Was also die Reichslande ihre Staatseinrichtungen nennen, soweit ihnen in der Gestaltung ihrer eigenen politischen Verhältnisse Selbständigkeit gelassen ist, all das beruht auf Delegation seitens des Reichs. Diese Delegationen haben zumal seit 1911 einen ziemlich bedeutenden Umfang angenommen, sodaß man sagen kann, daß Elsaß-Lothringen eine staatsähnliche Stellung eingeräumt ist, aber nicht mehr. Ein Staat sind die Reichslande nicht geworden. Die Möglichkeit internationale Beziehungen anzuknüpfen fehlt ihnen. Ein völkerrechtliches Rechtssubjekt sind sie nicht. Ihre Verfassung ist den Reichslanden durch Reichsgesetz gegeben, deren Abänderung liegt außerhalb der Kompetenz der reichsländischen gesetzgebenden Faktoren und ist der Reichsgesetzgebung vorbehalten. Ist somit Elsaß-Lothringen kein Staat, so kann es auch kein Bundesstaat sein und ist keiner[126]). Die Reichslande gehen im Reich staatsrechtlich auf, sind kein besonderes Rechtssubjekt, entbehren also der Fähigkeit, als Staat Beziehungen zu den Bundesstaaten zu haben und können vor allen Dingen nicht dem Reich als einer besonderen Rechtspersönlichkeit selbständig gegenüberstehen, wie dies bei den Bundesstaaten der Fall ist, denn dem Reich steht ja die Staatsgewalt in den Reichslanden zu. Diese sind nicht Mitglieder des Bundes, haben nie mit den andern Staaten einen Bund geschlossen. Daraus folgt, daß eigentlich auch Elsaß-Lothringen keine Vertreter im Bundesrat haben kann. Die Souveränität über Elsaß-Lothringen haben die verbündeten Regierungen und zwar als Gesamtheit schon 1871 erlangt und sie haben nie auf sie verzichtet. Elsaß-Lothringen kann diese jetzt nicht im Bundesrat wiederfinden, seine Souveränität kann nicht im Bundesrat ihren Ausdruck finden, wie dies bei den Bundesstaaten der Fall ist[126]). Nach Art. 6 RV. ist ein Elsaß-Lothringischer BRB. juristisch eine Unmöglichkeit.

126) Anderer Ansicht der frühere Staatssekretär Graf Posadowsky, der sich wiederholt dahin aussprach, daß die Reichslande ein Bundesstaat geworden seien, als ihnen 3 Stimmen im Bundesrat bewilligt wurden. „Elsaß-Lothringen war zu keiner Zeit ein Staat" (Laband II S. 211).

Als nun dennoch aus politischen Gründen Elsaß-Lothringen BRB. bekommen sollte, mußte man deshalb einen Art. 6a durch Reichsgesetz vom 31. Mai 1911 in die Reichsverfassung einschieben, welcher lautet: „Elsaß-Lothringen führt im Bundesrat drei Stimmen, solange die Vorschriften im Art. 2 §§ 1, 2 Abs. 1 und 3 des Gesetzes über die Verfassung Elsaß-Lothringens vom 31. Mai 1911 in Kraft sind. Die elsaß-lothringischen Stimmen werden nicht gezählt, wenn die Präsidialstimme nur durch den Hinzutritt dieser Stimmen die Mehrheit für sich erlangen oder im Sinne des Art. 7 Abs. 3 Satz 3 den Ausschlag geben würde. Das Gleiche gilt bei Beschlußfassungen über Änderung der Verfassung. Elsaß-Lothringen gilt im Sinne des Abs. 2 und der Art. 7 und 8 als Bundesstaat."

Staatsrechtlich sind diese BRB. der Reichslande nicht zu rechtfertigen. Jede juristische Konstruktion versagt bei ihnen. Diese Institution ist schlechthin unvereinbar mit dem staatsrechtlichen Charakter des Deutschen Reichs, des Bundesrats und der Reichslande. Sie läßt sich lediglich politisch erklären. Man gab den Reichslanden durch die Verfassung von 1911 einen staatsähnlichen Charakter und zwar entsprechend dem Charakter des Reichs als eines Bundesstaats, einen bundesstaatsähnlichen, darum schuf man eine Vertretung der Reichslande im Bundesrat. Freilich, wie sich zeigen wird, eine Vertretung, die derjenigen der Bundesstaaten nur äußerlich ähnlich, ihr keineswegs gleich ist und beinahe jeglicher Bedeutung entbehrt[127]).

§ 54. Es wurde oben nachgewiesen, daß die BRB. Boten der Regierungen sind. Da nun den Reichslanden eine Stellung eingräumt ist, welche derjenigen der Einzelstaaten ähnlich ist, m. a. W. da die Reichslande so angesehen werden, als wären sie ein Staat, so ergibt sich, daß die den Reichslanden zuerkannten 3 Stimmen im Bundesrat von Boten der Elsaß-Lothringischen Regierung geführt werden müssen. An der Spitze der letzteren steht der Kaiser, dem die Staatsgewalt von Elsaß-Lothringen übertragen ist, und der darum auch die Reichslande nach außen zu vertreten hat. Er hätte also die BRB. der Reichslande zu ernennen und zu instruieren. Die Gegenzeichnung der Ernennung und Instruktion läge dem

127) Laband S. 238 ff.

Statthalter als dem verantwortlichen Minister ob. Nun ist aber durch Reichsgesetz vom 31. Mai 1911 in Art. 2 § 2 Abs. 3 bestimmt, der „Statthalter ernennt und instruiert die Bevollmächtigten zum Bundesrat." Während sonst dem Kaiser freisteht, welche landesherrlichen Befugnisse er dem Statthalter übertragen will, ist ihm hier also eine solche Befugnis durch Reichsgesetz genommen und dem Statthalter übertragen worden. Der Statthalter übt in dieser Hinsicht kraft Reichsgesetz, in anderen Beziehungen je nach Belieben des Kaisers die Staatsgewalt aus. Die Gegenzeichnung liegt in solchen Fällen dem reichsländischen Staatssekretär ob. Vertreten wird die reichsländische Regierung als eine von der Reichsregierung verschiedene. Der Statthalter spielt hinsichtlich Ernennung und Instruktion der BRB. dieselbe Rolle wie in den Bundesstaaten der Landesherr.

§ 55. Die persönliche Rechtsstellung der reichsländischen BRB. ist genau dieselbe wie die der bundesstaatlichen BRB.

Hier soll nur noch auf die Bedeutung des Art. 10 RV. für die reichsländischen BRB. näher eingegangen werden. Danach gewährt der Kaiser als Bundespräsidium, nicht als König von Preußen den reichsländischen BRB. den üblichen diplomatischen Schutz. Diese BRB. sind aber entsandt von der vom Kaiser selbst und zwar ebenfalls in seiner Eigenschaft als Kaiser vertretenen Regierung der Reichslande. Der Kaiser gewährt also seinen eigenen BRB. diplomatischen Schutz in seinem Königreich und gegenüber von dessen Regierung! Es ist selbstverständlich, daß die reichsländischen BRB. dem Königreich Preußen gegenüber dieselben Rechte besitzen, wie die übrigen nichtpreußischen BRB.

§ 56. Der Grund dafür, daß nicht der Kaiser, sondern der Statthalter die reichsländischen BRB. instruiert liegt darin, daß der Kaiser, wenn die preußische Regierung mit dem Reichskanzler als dem die Instruktionen der preußischen BRB. gegenzeichnenden preußischen Minister hinsichtlich eines im Bundesrat zur Beratung und Abstimmung stehenden Gegenstandes eine andere Ansicht hätte als die reichsländische Regierung mit dem Statthalter an der Spitze, der Kaiser im Bundesrat als König von Preußen anders abstimmen lassen würde, wie als die reichsländische Staatsgewalt ausübender

Kaiser, bezw. daß jedesmal die reichsländische Regierung von ihrem durch die Interessen der Reichslande diktierten Standpunkt abweichen müßte. Die reichsländischen BRB. sind Boten des Statthalters, der in dieser Hinsicht Stellvertreter des Kaisers ist. Boten der reichsländischen Regierung, und damit diese selbst, nehmen teil an der Ausübung der Souveränität über das Reich, ohne daß diese Regierung an das Reich eine Souveränität verlor, die sie vorher besessen hätte, wie die Bundesstaatsregierungen. Die reichsländischen BRB. sind also äußerlich bevollmächtigt von einer Regierung, an deren Spitze eigentlich der Bundesrat selbst stehen sollte. Es wäre natürlich ein Unding, daß der Bundesrat selbst drei seiner Mitglieder ernennt und instruiert, denn diese Instruktion müßte durch Mehrheitsbeschluß zustande kommen, wäre also völlig überflüssig. Nun sind aber die reichsländischen BRB. überhaupt nur äußerlich Boten einer Regierung, in Wirklichkeit sind sie nur die Boten des Statthalters, denn die Regierung der Reichslande steht dem Kaiser zu. An und für sich braucht die ihnen erteilte Instruktion nicht mehr zu sein, als die Meinung zweier Männer, des Statthalters und des reichsländischen Staatssekretärs, und sie kann derjenigen des Kaisers und damit der gesamten von diesem in der Politik der reichsländischen Regierung eingeschlagenen Richtung zuwiderlaufen. Die Instruktion soll ja gerade unabhängig vom Kaiser sein und ist deshalb dem Statthalter übertragen, damit nicht die Gewährung der 3 Stimmen an Elsaß-Lothringen lediglich eine Verstärkung des preußischen Einflusses im Bundesrat darstelle. L a b a n d weist nun aber freilich sehr richtig nach, daß auch bei der jetzt geltenden gesetzlichen Festlegung die reichsländischen BRB. wenigstens in wichtigeren Fragen nie anders abstimmen werden, als die preußischen, denn durch den jeder Abstimmung im Bundesrat regelmäßig vorhergehenden Meinungsaustausch sind die einzelnen Regierungen über die Stellungnahme der anderen zu der zur Abstimmung kommenden Fragen hinlänglich unterrichtet. Bedenkt man nun, daß der Statthalter ganz und gar vom Kaiser abhängig ist, so ist ohne weiteres klar, daß er sich hüten wird, die reichsländischen BRB. anders abstimmen zu lassen, als die preußischen abstimmen werden, bezw. der Kaiser wird eben einen Statthalter, der die reichsländischen Stimmen gegen die preußischen abgeben lassen will, vor der Abstimmung entlassen. Der Kaiser kann unmöglich zu irgend welchen Fragen als König von Preußen eine andere Stellung einnehmen wie als die reichsländische Staatsgewalt ausübender Kaiser. Der Gesetzgeber konnte sich dieser Einsicht auch nicht verschließen und hat darum in Art. 1 des Gesetzes vom 31. Mai 1911 den Abs. 3 eingefügt. Laband weist treffend nach wie hierdurch die ganze Einrichtung der reichsländischen Bundesratsstimmen bedeutungslos wird. Seiner Darstellung ist nichts hinzuzufügen.

Nehmen wir an, der Kaiser mache von dem Recht, landesherrliche Befugnisse an den Statthalter zu übertragen, keinen Gebrauch, so ergibt sich, daß die Vertreter der ganz vom Kaiser geleiteten reichsländischen Regierung von einem andern, nämlich dem Statthalter ernannt und instruiert werden. Dies ist absurd. Die elsaß-lothringischen BRB. können hier in der Tat nicht mehr als Vertreter der reichsländischen Regierung angesehen werden, sondern erscheinen geradezu als Vertreter der Person des Statthalters. Doch ist dieses unbefriedigende Ergebnis in Wirklichkeit dadurch gemildert, daß der Statthalter der verantwortliche Minister in allen den Fällen ist, in denen der Kaiser landesherrliche Befugnisse selbst ausübt. Der Statthalter hat in diesen Fällen die Regierungshandlungen gegenzuzeichnen. Dies kann er nur tun, wenn er mit ihnen einverstanden ist. Er wird also, weil mit allen einzelnen Teilen, auch mit der Gesamtheit der Regierung einverstanden sein und deshalb die BRB. nicht in einer anderen Richtung instruieren als der Kaiser selbst auch tun würde; aber eben damit zeigt sich wieder die ganze Bedeutungslosigkeit der für die reichsländischen BRB. gemachten Einschränkungen und zugleich der ganzen Institution dieser BRB. Denn anders als die Präsidialstimmen werden die elsaß-lothringischen Stimmen nicht abgegeben werden. Werden sie aber gleich abgegeben und sind entscheidend für die dadurch erlangte Mehrheit für die Präsidialstimmen, so werden sie nicht berücksichtigt; haben die Präsidialstimmen sowieso die Mehrheit auf ihrer Seite, so werden die reichsländischen Stimmen allerdings gezählt, sind aber bedeutungslos; bleibt Preußen trotz Hinzutritt der reichsländischen Stimmen in der Minderheit, so werden sie wiederum gezählt und sind wiederum bedeutungslos. Der einzige Fall, in dem ihnen entscheidendes Gewicht zukommt, wenn nämlich infolge ihres Hinzutretens diejenigen Stimmen die Mehrheit erlangen, die den preußischen Stimmen gegenüberstehen, dieser Fall wird, wie oben ausgeführt, nie praktisch werden.

Kurzum in der Form, in der sie gewährt sind, sind die reichsländischen Bundesratsstimmen bedeutungslos, eine andere Form aber ist nur möglich unter der Voraussetzung, daß Elsaß-Lothringen ein Bundesstaat würde.

§ 57. Was nun die Stellung der reichsländischen BRB. dem Reich und ihrer Landesregierung gegenüber betrifft — von der persönlichen Rechtstellung ist hier nicht die Rede — so stößt man bei dem Versuch ihrer Klarlegung auf eine besondere Schwierigkeit. Reichsregierung und Bundesstaatsregierung sind zwei vollkommen verschiedene; die reichsländische Regierung dagegen ist, da Elsaß-Lothringen eben einmal kein Staat ist, ein Teil der Reichsregierung. Die Beamten der reichsländischen Regierung sind Reichsbeamte, so auch die BRB., wenngleich sie als solche vom Statthalter ernannt werden, von ihm ihre Dienstanweisung empfangen und deshalb dem Kaiser dienstlich nicht unterstellt sind. Sie sind Boten eines kraft Delegation in dieser speziellen Hinsicht — ihrer Instruktion — an die Spitze eines Zweigs der Reichsverwaltung gestellten Reichsbeamten. Auch an der Spitze dieses Zweigs der Reichsverwaltung steht der Bundesrat. Und gerade im Bundesrat sollen sie nach den ihnen von dem ihnen vorgesetzten Beamten, dem Statthalter, gegebenen Anweisungen die Interessen des Teils des Reichsgebiets und der Bewohner dieses Gebietsteils wahrnehmen, deren Verwaltung jener Zweig der Reichsverwaltung ist. Da aber die Regierung der Reichslande ein durch alle Ressorts durchgehend abgezweigter ziemlich selbständiger Teil der Reichsverwaltung ist, lediglich betraut ist mit der Verwaltung eines ganz bestimmten Gebiets und dem der übrigen Reichsverwaltung übergeordneten Beamten nicht unterstellt ist, so kann sie auch im Bundesrat die Interessen dieses Gebiets unabhängig von der sonstigen Reichsregierung, an deren Spitze der Reichskanzler steht, wahrnehmen. Wenn man allerdings bedenkt, daß diese Unabhängigkeit keine vollkommene ist, so wird wiederum deutlich, daß dieses Gebiet eben kein Staatsgebiet, sondern nur das Gebiet eines staatsähnlichen durchaus eigenartigen Gebildes ist. Dies hängt zusammen mit der Eigenart des Reichs als eines Bundesstaats. Die Reichslande sind nicht eine von mehreren Provinzen des Reichs. Wohl aber umfassen sie den (einzigen) Teil des Reichsgebiets, der nicht Bundesstaatsgebiet ist. Um die Rechte dieses Gebietsteils gegenüber den übrigen nicht zu schmälern und seinen Interessen dieselbe Vertretung an maßgebender Stelle der Reichsregierung zuzuteilen, ihnen denselben Einfluß auf die letztere zu sichern, gewährte man den Reichslanden drei Stimmen im Bundesrat.

Obwohl nicht vom Träger der Staatsgewalt ernannt und instruiert, stehen diese BRB. doch ihrem Lande ebenso gegenüber wie die anderen BRB. ihren Staaten, soweit dies mit Rücksicht darauf möglich ist, daß die Reichslande kein Staat sind. Die BRB. von Elsaß-Lothringen sind Landesbeamte, aber als Beamte der Reichslande Reichsbeamte. Trotzdem sind sie dem Kaiser nicht untergeordnet. — Die Stellung dieser BRB. ist sowohl dem Reich, insbesondere dem Kaiser und dem Bundesrat gegenüber eine unklare, juristisch durchaus eigentümliche, die sich daraus ergibt, daß das sie entsendende Land in einem ganz anderen viel engeren Verhältnis zum Reich steht, als die Einzelstaaten, daß es kein Staat ist und daß der Bundesrat darauf zugeschnitten ist, Boten der bundesstaatlichen Regierungen in sich aufzunehmen und die höchste Stelle des von den Einzelstaaten durchaus verschiedenen eine eigene Rechtspersönlichkeit bildenden Reichs darzustellen. Die Reichslande und ihre Regierung sind aber nicht so scharf vom Reich und seiner Regierung getrennt, bilden keine gesonderte Rechtspersönlichkeit. Der Träger der Staatsgewalt in den Reichslanden ist an und für sich identisch mit dem Träger der Reichsgewalt: dem Bundesrat, und daraus, daß sonst die BRB. Boten der Einzelstaatsgewalt und als solche gedacht sind, entspringt die Unklarheit der rechtlichen Stellung der reichsländischen BRB. dem Reich und den Reichslanden gegenüber.

FSC
www.fsc.org
MIX
Papier | Fördert gute Waldnutzung
FSC® C083411

Kolibri 360 GmbH
Ferdinand-Jühlke-Straße 7
99095 Erfurt, Deutschland
produktsicherheit@kolibri360.de